Deutschland vor 1500 Jahren

Reinhard Schmoeckel

Deutschland vor 1500 Jahren

Wanderungen und Wandlungen
von Caesar bis Karl dem Großen

Forschungen zur Thidrekssaga Band 9
Herausgegeben vom „Dietrich von Bern-Forum –
Verein für Heldensage und Geschichte e.V."

Die Deutsche Bibliothek verzeichnet diese Publikation in der Deutschen Nationalbibliographie; detaillierte bibliographische Angaben sind im Internet über

http://db.ddb.de

abrufbar.

Graphik: Andrea Egler; www.das-auge-denkt.com, Köln

Printed in Germany; Herstellung und Verlag BoD – Books on Demand, Norderstedt.

ISBN: 9783752662733

Zu beziehen über jede Buchhandlung

Inhalt

Vorwort

Der hiermit vorgelegte Band erscheint als Band 9 der Reihe „Forschungen zur Thidrekssaga, herausgegeben vom Dietrich von Bern-Forum – Verein für Heldensage und Geschichte e.V.". Warum, obwohl darin nur recht wenig von der Thidrekssaga die Rede ist ?

Seit mehr als 40 Jahren habe ich mich als privater Forscher ziemlich intensiv mit der Frühgeschichte Deutschlands und Europas beschäftigt. Im Laufe dieser Arbeit glaube ich, eine ganze Reihe von wichtigen Vorgängen und Entwicklungen aus dieser in vielen Bereichen noch weitgehend unbekannten Zeitperiode herausgefunden zu haben, vor allem auch solche, die bisher noch nicht in die Vorstellungen der „zünftigen" Geschichtswissenschaft eingedrungen sind.

Dieses Buch enthält eine Zusammenfassung und gewissermaßen einen Abschluss dieser Erkenntnisse aus einem langen Forscher-Leben in einer Form, die auch für an Geschichte interessierte L a i e n lesbar ist, also „populärwissenschaftlich".

In meinen Untersuchungen zur Frühgeschichte unseres Landes stieß ich ziemlich früh auf die „Thidrekssaga". Das ist ein umfangreicher Sagentext in nordischer Sprache, aber offensichtlich nur eine Übersetzung aus viel älteren niederdeutschen, lange nur mündlich überlieferten, Sängertexten. Die Erforschung dieses „Rätselbuches der deutschen Frühgeschichte" hat mich überhaupt auf den Pfad gebracht, der mich meine Entdeckungen finden ließ.

Im Jahr 2000 habe ich den Verein „Thidreksaga-Forum e.V." und die Vierteljahreszeitschrift DER BENER gegründet und war lange der Vorsitzende und Redakteur der Zeitschrift.

Der Name des Vereins wurde später in „Dietrich von Bern-Forum e.V." geändert. Er vereinigt eine nicht unbeträchtliche Zahl von L a i e n forschern und an dem Thema interessierten Lesern, übrigens keineswegs nur aus Deutschland.

Neben mir haben viele andere Autoren wichtige Sachbeiträge in den inzwischen über 80 umfangreichen Heften der Zeitschrift geliefert und manche Rätsel dieser Sage lösen helfen, aber auch Aufklärung über zahlreiche andere Aspekte der G e s c h i c h t e jener Zeit gebracht. Gerade die Auseinandersetzung mit zum Teil erheblich von meiner Meinung abweichenden Thesen, aber auch die Erkenntnis erstaunlicher Übereinstimmungen mit Funden von Kollegen hat meine eigenen Erkenntnisse gefördert, auch solche, die mit dem engeren Thema „Thidrekssaga" nichts zu tun hatten. Das alles hat mein Wissen über die vermutlich r e a l e Geschichte jener Jahrhunderte in unserem Land sehr stark vermehrt.

Die Erkenntnisse dazu eröffneten sich mir auch nur schrittweise, aber ich habe sie im Laufe mehrerer Jahre in verschiedenen gedruckten Büchern veröffentlicht, immer wieder ergänzt durch neues Wissen, zum Teil, wie gesagt, durch Sach-Hinweise meiner Autoren-Kollegen, aber auch von Lesern meiner Aufsätze und Bücher, die sich allmählich wie Puzzlestückchen in ein schon in Umrissen vorhandenes Bild fügten.

Immer deutlicher schälte sich dabei heraus, dass die seit jeher von den H i s t o r i k e r n geübte Methode, ausschließlich s c h r i f t l i c h e Quellen (aus der betreffenden Zeit oder wenigstens kurz danach verfasst) als Belege für geschichtlicher Erkenntnisse zu verwenden, nicht genügen kann.

Sind nicht auch Argumente aus der Sprachwissenschaft, der Religionsgeschichte, der Heraldik, der Ortsnamenkunde und zahlreichen anderen Wissenschaften berechtigt, zur Beweis-

2

führung in einem Buch über Geschichte herangezogen zu werden? Es war für mich erstaunlich zu beobachten, wie Indizien aus solchen „Nebenwissenschaften" – vielfach eben von Kollegen oder Lesern geliefert – sich immer mehr zu einem überzeugenden Bild zusammenfügten.

Und noch eine weitere Ebene von „Geschichtsquellen" scheint es zu geben. Sie hat sich allerdings nur in ganz seltenen Fällen erhalten und kann auch nur dann ausgeschöpft werden, wenn zufällig ein „Kundiger" mit ihnen in Berührung kommt. Das ist das im U n t e r b e w u s s t s e i n des Gedächtnisses der Angehörigen mancher sehr, sehr alter Familien bewahrte Wissen über sehr, sehr alte Zustände oder Verhältnisse. Im Gespräch mit einer alten Freundin und Kollegin im Vorstand des „Dietrich von Bern-Forums" hat sich das noch im Jahr 2020 überraschend gezeigt. Im Buch wird darauf an passender Stele eingegangen.

Bedingt durch die Zeit und die Region, der meine Forschungen galten, kann ich nur wenige B e w e i s e für meine Thesen anführen, wie sie ein akademischer Historiker verlangt, nämlich schriftliche Quellen. In Deutschland konnte vor 1500 Jahren niemand schreiben, und die schriftkundigen Völker im Süden und Südosten interessierten sich kaum für diese Gegend.

In meinen inzwischen veröffentlichten Büchern habe ich ausführlich die Belege für meine Thesen zusammengetragen und erläutert und auch die wissenschaftlichen Quellen genannt, auf die ich mich gestützt hatte. Hinzu kommen verschiedene ausführliche Aufsätze in der Zeitschrift DER BERNER.

In diesem Buch, eben einer kurzen Zusammenfassung, verzichte ich aus Platzgründen auf umfangreiche Begründungen und Quellenbelege und kann nur (in den Anmerkungen) die Stellen in diesen Büchern und Aufsätzen nennen, wo ein interessierter Leser genauere Ausführungen und auch Quellenangaben dazu finden kann.

Der Leser wird bald begreifen, dass es unmöglich ist, sich beim Bericht über das, was hier vor 2000 oder 1500 oder 1200 Jahren geschehen ist, auf das geographische Gebiet zu beschränken, das wir h e u t e Deutschland nennen. Immer haben Vorgänge, die sich westlich oder östlich davon vollzogen, eine entscheidende Rolle für die Geschichte h i e r gespielt. Unser Land mitten in Europa ist von Anbeginn eine Region gewesen, in die fremde Völker mit anderen Sprachen, anderer Abstammung und Gebräuchen eingewandert sind und sich mit bisherigen Einwohnern vermischt haben oder ihnen wenigstens sprachlich eine andere Prägung gegeben haben. Wer behauptet, vor kurzem noch habe es ein einheitliches „deutsches Volk" gegeben, das bewahrt werden müsse, weiß nichts von deutscher Geschichte.

H i e r , in diesem Buch kann man etwas über die unbekanntesten Jahrhunderte dieser Geschichte lernen, die ersten 800 Jahre nach der Zeitenwende. Und der Leser, der sich vorrangig für die Thidrekssaga interessiert, kann das, was dort erzählt wird, einordnen in das, was rundherum passierte.

Dortmund, im Herbst 2020   Reinhard Schmoeckel

Kapitel 1

Die Römer wollen das Land -
und müssen sich bescheiden

ca. 50 v. Chr. – 100 n. Chr.

Dieses Buch will erzählen, was in Deutschland an Wichtigem in den acht Jahrhunderten nach der Zeitenwende stattfand. Doch zuvor ist es nützlich, einen ganz kurzen Blick auf die Jahrtausende zu werfen, die davor lagen und in denen es schon Menschen in diesem Gebiet gab

Denn anders als in anderen Erdgegenden hatte das Eis der letzten Eiszeit, das zuvor lange ganz Norddeutschland in riesigen Gletschern überdeckt hatte, erst vor relativ kurzer Zeit zu schmelzen begonnen und hatte sich nach Nord-Skandinavien zurückgezogen (spätestens ab 13 000 v. Chr.). Ungeheure Wälder hatten sich in dem vom Eis freigegebenen Gebiet gebildet, aber es war noch immer nass, voller Seen und Sümpfe. Ähnliches galt für das Alpenvorland in Südbayern, wo auch die Alpengletscher zu einem großen Teil verschwunden waren. Mammuts und Rentiere gab es hier nicht mehr, dafür Hirsche, Wildschweine, Steinböcke, Wölfe und Bären.

Und natürlich Menschen. Ganz wenige Jäger und Sammler hatten noch während der Eiszeit in den eisfreien Gebieten im mittleren Deutschland Mammuts gejagt, die aber eben immer weiter nach Norden abzogen, so wie das Eis schmolz. Einige kleine Menschengruppen waren dieser Art Jagdbeute immer weiter nach Norden gefolgt, bis ins nördliche Skandinavien. Von ihnen stammen die Sami ab, die man auch Lappen nannte.

Ganz wenige der Eiszeitjäger blieben im Lande und mussten sich auf eine neue Landschaft einstellen, auf Wälder, Moore, Flüsse und neues Jagdwild. Doch sie blieben nicht lange allein. In mehreren Schüben im Abstand von einigen tausend Jahren kamen Menschen in Mitteleuropa an, die zuvor in Kleinasien, im nördlichen Teil der Balkanhalbinsel und nördlich des Schwarzen Meeres gelebt hatten, dort, wo es auch während der Eiszeit kein Eis gegeben hatte. Langsam nach Norden vordringend, siedelten sie sich hier in kleinen Dörfern an, denn diese Menschen waren keine Jäger und Sammler mehr, sondern Ackerbauern (und Kleintierzüchter).

Irgendwann erreichten Gruppen dieser Einwanderer auch die Küsten der Nordsee und der Ostsee und konnten sich jenseits des Meeres in Südskandinavien (Dänemark, Südschweden, Südnorwegen) festsetzen. Hier wurden sie oder Teile davon zu geschickten Hochseefischern, die mit ihren Ruderbooten Jagd auf Robben und Meeresfische machten.

Immer wieder kamen neue Gruppen von Menschen aus Südosteuropa und brachten neue Künste mit, z. B. das Gewinnen und Verarbeiten von Kupfer, später auch das Vermischen von Kupfer und Zinn zur haltbaren Bronze.

Es war nach dieser Eiszeit wieder recht warm geworden in Europa und in Deutschland. Vor 5000 - 3000 Jahren herrschte in Mitteleuropa ein Klima wie heute rund um das Mittelmeer. In der sogenannten Bronzezeit – in eben jener Epoche – war es angenehm, hier zu leben, und selbst weit entfernt von einander wohnende Menschengruppen erfuhren Neues durch die Händler, die mit ihren Ochsenkarren oder auf Schiffen quer über das Mittelmeer und den Atlantik nun weite Wege zurücklegten, um ihre inzwischen vielfältigen Waren gewinnbringend abzusetzen.

Dumme „Steinzeittypen" waren die Menschen hierzulande damals ganz gewiss nicht mehr. Etwa zur gleichen Zeit, als in Britannien die Menschen die berühmte Anlage von Stonehenge (in ihrer letzten Phase, etwa um 2800 v. Chr.) bauten, legten etwa in Westfalen die Menschen eine riesige Karte des Sternenhimmels auf vielen tausend Quadratkilometern an, indem sie die Punkte am Himmel mit großen Steinmalen maßstabgerecht abbildeten. Die einzelnen Punkte blieben seitdem in der Erinnerung der dort lebenden Menschen so eindrucksvoll „heilig", dass noch mehr als 3500 Jahre später die ersten christlichen Kirchen exakt am Ort diese Steinmale gebaut werden konnten [1].

Wieder etwas später kamen neue kleine Menschengruppen von Osten nach Mitteleuropa, diesmal auf der Flucht vor Hitze- und Trockenperioden in ihrer Heimat nördlich des Schwarzen Meeres. Es waren keine Eroberer, dafür waren sie viel zu wenig, aber sie brachten es fertig, den Menschen in Ost- und Mitteleuropa, zwischen denen sie sich niederließen, in wenigen Generationen klarzumachen, dass sie die Herren waren und dass ihre neuen Untergebenen sich nach ihrer Sprache zu richten hatten. Dies war der Beginn der Verbreitung von indeoeuropäischen Sprachen in Europa, denn die Neuankömmlinge brachten eine noch ziemlich einheitliche Sprache von ihren alten Wohnsitzen beiderseits der unteren Wolga mit [2]. Das geschah um etwa 2000 v. Chr. In wenigen Jahrhunderten sprachen die Menschen in Ost- und Mitteleuropa ein Idiom, das die Sprachwissenschaftler „Alteuropäisch" nennen, doch

---

[1] Thiele, Wolfgang, Knorr, Heribert, Der Himmel ist unter uns; Bottrop 2004 (2. Aufl.)
[2] Schmoeckel, Reinhard, Die Indoeuropäer – Aufbruch aus der Vorgeschichte , Beltheim-Schnellbach 2012 (5. Neuauflage eines ursprünglich 2000 erschienenen Buches), Teil 1

entstanden schnell verschiedene Dialekte und bald auch eigene Sprachen daraus.

In der Mitte des letzten Jahrtausends v. Chr., also etwa um das Jahr 500, lebten in heutigen Deutschland im Wesentlichen drei unterscheidbare Gruppen von Menschen. Im Süden waren es Kelten, einem Volk mit eigener Sprache, die sich in der langen Zeit aus dem Ur-Indoeuropäischen weiter entwickelt hatte. Diese Kelten waren durchaus ein Kulturvolk; da sie aber offenbar bewusst nichts Schriftliches über ihre Städte, ihre Geschichte und ihre wissenschaftlichen Leistungen von sich gegeben haben, weiß man nur wenig über sie. Damals, also in der Mitte des 1. Jahrtausends v. Chr., waren sie in halb Europa ansässig, von Frankreich über Süddeutschland, Österreich und große Teile der Balkanhalbinsel – lange vor den Römern. Allerdings haben die vielen verschiedenen keltischen Stämme nie so etwas wie ein Zusammengehörigkeitsgefühl gehabt oder nach großflächiger Herrschaft gestrebt. In der Beziehung waren sie ganz anders als die Römer, die ihnen als „Herren Europas" folgen sollten.

Ganz im Norden Deutschlands, an der Nord- und Ostseeküste, vor allem aber auch in Dänemark, Schleswig-Holstein, Südschweden und Südnorwegen, lebten Menschen, denen die Archäologen den Namen „nordische Kultur" gegeben haben. Sie waren die Nachkommen der Menschen, die schon Jahrtausende vorher diese Gegenden besiedelt hatten. Wahrscheinlich war ihre Sprache auch schon eine Frühform des Germanischen, aus dem Alteuropäischen weiter entwickelt, aber mit vielen Worten, die n i c h t aus dieser „Ursprache" stammen können.

Zwischen beiden, den Kelten im Süden und den Früh-Germanen im Norden, muss es in Deutschland noch eine dritte Bevölkerungsgruppe gegeben habe, die wohl damals eben keine der beiden Sprachen benutzte, sondern ein anderes Idiom, aber ebenfalls indoeuropäischer Abstammung. Es waren offenbar wehrhafte, aber zäh an ihrem Boden festhaltende Bauern, die – in mehrere Stämme geteilt – zwischen dem südlichen Holland und der Aller quer durch das heutige Nordwestdeutschland siedelten. Drei deutsche Professoren aus verschiedenen Fachwissenschaften haben in den sechziger Jahren des 20. Jahrhunderts diese Menschengruppe „Nordwestblock" getauft [3]. Doch hat der Großteil der deutschen Historiker, Sprachwissenschaftler und Archäologen lieber keine Kenntnis davon genommen, weil einige Kollegen die Thesen der drei Wissenschafter heftig kritisiert hatten.

Zwei Ereignisse aus der Zeit v o r Christi Geburt müssen noch erwähnt werden, weil sie auch danach noch für Menschen im heutigen Deutschland von Bedeutung waren. Das eine war eine deutliche Klimaverschlechterung ab der Mitte des letzten vorchristlichen Jahrtausends. Zuvor hatte sich zwar schon lange die Warmzeit (das sogenannte „Atlantikum") in ein normales, „mitteleuropäisches" Klima verändert. Aber nun wurde es für lange Zeit deutlich kühler und regnerischer, wenigstens im nördlichen Mitteleuropa. Das hatte Notzeiten vor allem für die Germanen im Norden und die „Nordwestleute" in Deutschland zur Folge, schlechte Ernten, Hunger und auch das Abreißen von früher recht lebhaften Verbindungen zu den Völkern weiter im Süden. Allerdings wurden die Menschen dort – für lange Zeit ungestört von Einflüssen von außen – auch so hart, so kräftig und so rücksichtslos, wie sie ein paar Jahrhunderte später in der sogenannten „Germanischen Völkerwanderung" zutage traten.

---

[3] Hachmann, Rolf, Kossack, Georg, Kuhn, Hans, Völker zwischen Germanen und Kelten, Neumünster 1962

Das zweite Ereignis hatte seinen Ursprung weit weg, in den riesigen Steppen Südrusslands und Kasachstans. Die dort lebenden Viehhirten, Menschen mit indoeuropäischer Sprache, den alten Persern verwandt, hatten die bei ihnen in großen Herden lebenden Wildpferde längst gefangen, gezähmt und als Zugtiere für Wagen entdeckt. Im letzten Jahrtausend v. Chr. hatten sie auch gelernt, auf diesen Pferde zu r e i t e n . Das machte sie allen Bauern überlegen und zugleich auf ihre neue Stärke stolz und angriffslustig.

Zwischen etwa 800 und 500 v. Chr. zogen Scharen berittener Kimmerier und später Skythen von dort immer wieder in die reichen Gegenden Babyloniens, Kleinasiens, ja bis nach Ägypten, um dort zu plündern. Das hat die Geschichte dieser Gegenden für Jahrhunderte stark beeinflusst. Um das Jahr 500 v. Chr. kamen auch Scharen der Skythen über den Balkan und Ungarn bis nach Deutschland, zu demselben Zweck. Man hat Waffenreste und andere Hinterlassenschaften in verschiedenen Gegenden unseres Landes gefunden.

Im Allgemeinen sind diese Überfälle nur kurzzeitige Episoden geblieben und haben keine langfristigen Folgen im überfallenen Land hinterlassen. Es scheint aber auch Ausnahmen gegeben zu haben, dass nämlich kleine Gruppen dieser fremden Reiter sich einfach hier niederließen und danach recht friedlich unter der einheimischen Bevölkerung ihre Gene in ungezählten Generationen weiter vererbten.

Ob das auch anderswo geschehen ist, muss im Augenblick offen bleiben. Aber für eine bestimmte Gegend Westfalens, das westliche Sauerland, hat ein Heimatforscher und Genealoge festgestellt, dass dort offenbar seit zweieinhalb Jahrtausenden Menschen leben, die die typischen s c h w a r z e n Haare der einstigen Steppenkrieger aus dem Volk der Skythen und wohl auch andere genetische Eigenschaften bis in die Gegenwart vererbt haben. Zur Zeit des Römers Caesar bildeten sie offenbar einen wichtigen Teil des angeblichen „Germanen"-Stammes der Sigambrer. Im 4. Kapitel dieses Buches wird diese „Erbschaft" noch einmal eine wichtige historische Rolle spielen.

* * *

Dieses Buch will ja die frühe Geschichte Deutschlands von den ersten Kontakten mit den Römern an erzählen und dabei viele bisher oft falsch verstandene Annahmen richtig stellen. Das muss beginnen bei dem römischen Feldherrn und Politiker Caesar. Doch bevor auf seine Feldzüge und kurzen Abstecher über den Rhein eingegangen werden kann, muss noch eine Art von Gesamtblick auf das Land damals geworfen werden, um das es hier geht.

Die Bundesrepublik Deutschland von heute umfasst etwa 360 000 Quadratkilometer, und auf dieser Fläche leben mehr als 83 Millionen Menschen, 232 pro Quadratkilometer. Doch damals, kurz vor der Zeitwende, waren es vielleicht nur etwa 1 – 2 Millionen Menschen, 3 – 4 pro Quadratkilometer. Die riesigen Wälder, die einst nach dem Ende der Eiszeit hier gewachsen waren, konnten von den kleinen Gruppen von Bauern nur an wenigen Stellen gerodet und in Ackerland verwandelt werden. Weite Regionen, vor allem im Norden Deutschlands, waren noch bedeckt von großen und kleinen Seen und vor allem Sümpfen, die sich für eine Ansiedung nicht eigneten. Alle paar Dutzend Kilometer gab es eine kleine Ansiedlung, ein Dorf von 8 – 10 Häusern und Ställen, mit einigen frei gerodeten Feldern ringsum. Dazwischen nur Wald oder Moor, durch das nur wenige Trampelpfade führten. Diese Menschenleere muss man sich vor Augen führen, wenn man die frühe Geschichte unseres Landes verstehen will.

In der Mitte des letzten Jahrhunderts vor Christi Geburt machte in der Stadt Rom ein angesehener Politiker und Feldherr von sich reden: Gaius Julius Caesar. Die einst kleine Stadt Rom hatte in den gut 300 Jahren zuvor nicht nur ganz Italien, Spanien, die Balkanhalbinsel, Griechenland, Kleinasien und weite Gebiete im Nahen Osten erobert, sondern auch Ägypten und die Küste Nordafrikas. Vom heutigen Frankreich – die Römer nannten es Gallien – gehörte schon das Gebiet an der Mittelmeerküste dem römischen Staat an. Der bisher schon sehr erfolgreiche römische General Caesar hatte sich vorgenommen, auch den Rest Galliens zu unterwerfen, Er wollte damit die Schande auslöschen, dass einst vor über dreihundert Jahren ein Haufen von Kelten (von den Römern Gallier genannt) für kurze Zeit Rom erobert hatte.

In einem zehnjährigen erbitterten Krieg gelang es Caesar, einen gallischen (keltischen) Stamm nach dem anderen im heutigen Frankreich zu besiegen und zu unterwerfen. Er dürfte gewusst haben, dass Kelten (nach seiner Ausdrucksweise Gallier) auch östlich des Rheins lebten, durch das ganze Süddeutschland und Österreich bis ins heutige Ungarn. Jedoch auch diese Gebiete zu erobern, schien ihm wohl noch utopisch. Stattdessen wusste er, dass der Rhein, von Süden nach Norden fließend, eine gute und auch einigermaßen leicht zu verteidigende Grenze sein konnte.

In seinem Kriegsbericht „De bello Gallico" (noch heute muss jeder Lateinschüler Stücke davon lesen und übersetzen lernen) hat er seinen Römern und auch noch der Wissenschaft bis in die Neuzeit weisgemacht, links des Rheins – also westlich – hätten die Gallier gewohnt, und östlich die „barbarischen

Germanen". Um die zu züchtigen – Caesar hatte schon zu Beginn seines Gallien-Feldzuges eine große Schlacht mit Germanen ausfechten müssen [4] – hatte er mit einem Teil seiner Truppen kleine Ausflüge über den Rhein gemacht und die dort lebenden Germanen natürlich „glorreich besiegt". Er hatte sogar von seinen Soldaten eine Holzbrücke über den Rhein bauen lassen, bei Unkel südlich von Bonn. Die Reste dieser Brücke werden im 4. Kapitel dieses Buches noch eine wichtige Rolle spielen.

Der Rest des Lebens Caesars ist Geschichtskundigen bekannt: nach seinen Erfolgen in Gallien errang er in Rom die Alleinherrschaft, wurde aber eben deswegen ermordet (44 v. Chr.). Die Folge war ein lange dauernder Bürgerkrieg, den schließlich Caesars Großneffe Octavian für sich entschied. Von 31 v. Chr. – 14 n. Chr. war er unter dem Namen Augustus Alleinherrscher im Römischen Reich. Im Inneren herrschte in dieser Zeit Frieden, aber nach außen war Rom weiter so aggressiv wie zuvor.

Es scheint zu den Hauptzielen der römischen Politik in den Jahrhunderten zuvor gehört zu haben, alle paar Jahre eine neue Region rund um das Mittelmeer zu erobern: teils des Prestiges wegen, teils aus wirtschaftlichen Gründen: Jede neue Provinz konnte wichtige Rohstoffe oder Waren liefern, vor allem aber auch Sklaven, die dann kostenlose Arbeitskräfte für die reiche Oberschicht Roms stellten. Zu Augustus Zeiten waren praktisch bereits alle Länder rund um das Mittelmeer in römischer Hand, nun musste es im Norden Europas weiter gehen.

---

[4] zu dieser Schlacht mit dem Sueben-Fürsten Ariovist im Jahr 58 v. Chr. im südlichen Elsass siehe ausführlich Schmoeckel, „Bevor es Deutschland gab", Bergisch Gladbach 2000, S. 34 ff.

Ab dem Jahr 15 v. Chr. führte der Stiefsohn des Augustus, Drusus, teilweise zusammen mit seinem Bruder Tiberius, Feldzüge am Nordrand der Alpen. Dabei gelang es ihm, das ganze Gebiet zwischen den Alpen und der Donau zu erobern: die heutige Schweiz, Südbayern, Österreich bis zur Donau, große Teile des heutigen Ungarn. Fünf neue Provinzen konnte das Römische Reich dort einrichten: Raetia (im wesentlichen die Schweiz und Südbayern), Noricum (Österreich südlich der Donau), Pannonia (Ungarn südlich und westlich der Donau) , Moesia und Illyrica. Wieder war der wirtschaftliche Gewinn groß. Diese Gebiete hatten zwar nicht sehr viele Einwohner, aber sie waren reich an Bodenschätzen und konnten landwirtschaftliche Erzeugnisse liefern.

Augustus hatte sicher keine maßstabgerechte Landkarte von Europa, aber doch eine einigermaßen zutreffende Vorstellung, dass zwischen den bisher eroberten Regionen westlich des Rheins und südlich der Donau (etwa bis zum heutigen Passau) ein riesiges Dreieck von noch nicht erobertem Land lag: die sogenannte „Germania libera".

Um dieses Land zu erobern, waren ab etwa 16 v. Chr. viele zehntausend römische Legionäre an der Rheinfront in zahlreichen Kastellen stationiert, und alle paar Jahre zogen sie über den Rhein zu neuen Eroberungen aus. Ihr Oberbefehlshaber war Drusus. Das Ziel war, die gesamte „Germania" bis zur Elbe zu besetzen, Dieser Fluss schien eine weitere sinnvolle Grenze weit im Osten zu sein; Böhmen – damals von germanisch sprechenden Stämmen unter dem Anführer Marbod besetzt – galt schon als eine Art Vasallenreich der Römer.

In den 25 Jahren zwischen 16 vor und 9 nach Christi Geburt war den Römern schon einiges .an „Kultivierung der germanischen Barbaren" geglückt. Westlich des Rheins waren die Römerkastelle Köln, Vetera (bei Xanten am Niederrhein) und Mainz Ausgangspunkte fast jährlicher römischer Feldzüge ins Germanenland. Einige Stämme galten dabei als „besiegt", zum Teil wurden sie vom Ostufer des Rheins ans andere Ufer „umgesiedelt", so z. B. die Sigambrer, was aber nur für einen Teil diese Stammes glückte. In anderen Stämmen hatten sich romfreundliche „Parteien" gebildet, die sich mit ihren Widersachern im eigenen Haus stritten, so etwa bei den Cheruskern.

In diesen 25 Jahren scheinen die Römer auch bereits einige Versuche gemacht zu haben, nicht nur entlang der Lippe zur Sicherung des Vormarsches ins Landesinnere (mittels Schiffen auf dem Fluss !) Kastelle anzulegen, sondern auch zivile Ansiedlungen zu bauen. Zwei Beispiele dafür wurden erst vor relativ kurzer Zeit von Archäologen gefunden: Dorla und Waldgirmes in Nordhessen. Dass wahrscheinlich das heute noch vorhandene Portal des Klosters Corvey an der Weser (bei Höxter) aus jener Zeit stammt , also von Römern erbaut wurde, leugnen bis heute die dort Zuständigen – weil es nicht in ihr Weltbild passt.

Im Jahr 9 n. Chr. sollte dann ein Aufstand mehrerer Stämme im heutigen Westfalen und südlichen Niedersachsen unter Anführung des Häuptlings Arminius diesen römischen Erobererträumen ein Ende machen. Die Niederlage des römischen Provinzgouverneurs Varus mit drei Legionen in der Schlacht „im Teutoburger Wald" ist so bekannt, dass sie hier nicht näher beschrieben werden muss. Ohne Zweifel war sie ein Wendepunkte in der Geschichte unseres Landes, das nur damals noch nicht Deutschland hieß.

Auch ist es in diesem kurzen Überblick über 850 Jahre Geschichte nicht sinnvoll, ausführlich der Frage nachzugehen, ob die berühmte Schlacht tatsächlich im Teutoburger Wald (etwa in der Nähe von Detmold, wo das Hermannsdenkmal steht) ausgetragen wurde oder fast 100 Kilometer entfernt bei Kalkriese am Nordrand des Wiehengebirges, wo viele Funde gemacht wurden und heute ein Museum die „Varusschlacht" dem Publikum nahe bringt. Doch ist immer noch nicht geklärt, ob dort nicht eine ganz andere Schlacht zwischen Germanen und Römern stattfand.

Doch eine Frage gehört in dieses Buch: war dieser berühmte Arminius überhaupt ein Germane ? Es gibt durchaus Gründe, daran zu zweifeln. Denn die Cherusker, wie auch die Marser und andere als Aufständische genannte Stämme lebten genau in dem Gebiet, das in den Jahrhunderten davor als das Gebiet der „Nordwestleute" bezeichnet wurde (von den auf S. 9 genannten Professoren, wenn auch deren Annahme von Kollegen bestritten wird). Schon sie haben die Frage aufgeworfen, ohne dass sie eine eindeutige Antwort darauf gegeben haben.

Für gebildete Römer wie Caesar, Drusus (oder auch ein paar Jahrzehnte später Tacitus) kam es nicht in Frage, eine fremde Sprache (außer griechisch) zu lernen. Wozu hatte man Dolmetscher ? Für sie hatten alle „Barbaren jenseits des Rheins" Germanen zu sein. Arminius war ja selbst jahrelang Offizier in der römischen Armee gewesen und konnte Latein. War er vielleicht Germane, aber seine cheruskischen Krieger nicht ? Die drei Professoren haben das angedeutet, aber sie haben sich gehütet, den komplizierten Begriff in der Vor- und Frühgeschichte namens „Überschichtung" näher aufzuklären.

In ungezählten Fällen der Geschichte ist es vorgekommen, dass ein fremdes Volk mit eigener Kultur und eigener Sprache erobernd bei einem Nachbarn mit anderer Sprache einbrach. Wir müssen uns, wenn wir verstehen wollen, was dann passierte, von der in unseren Köpfen eingebrannten Vorstellung lösen, dabei seien alle Unterlegenen entweder totgeschlagen oder vertrieben worden. Manchmal wird auch das passiert sein, aber viel häufiger war es, dass das im Kampf unterlegene Volk in Zukunft den neuen Herren als Knechte dienen musste, nicht als Sklaven, aber doch in einer unterlegenen Rolle. Dazu gehörte auch, dass die Menschen aus der neuen Unterschicht nunmehr die Sprache der Eroberer verwenden mussten, wenn sie mit ihnen zu reden hatten. In wenigen Generationen war dann die Sprache der Sieger völlig auf die Besiegten übergangen. Das ist, in einfachen Worten erklärt, der Vorgang der „Überschichtung" [5]

Es scheint so, dass in den Jahrhunderten unmittelbar vor und nach der Zeitenwende in Norddeutschland eine langsame Wanderung (und gleichzeitig auch Eroberung und „Überschichtung" Anderssprachiger) von g e r m a n i s c h sprechenden Völkern nach Süden erfolgte. Jedenfalls ist nur so zu erklären, dass einige Jahrhunderte später, als es die ersten schriftlichen Zeugnisse aus diesem Gebiet gab, die Menschen dort eine Sprache benutzt haben müssen, die bereits dem D e u t s c h e n ähnelte, allerdings in der Form einer alt-n i e - d e r deutschen Aussprache. Im „höher" gelegenen Teil Deutschlands, der Mitte und im Süden, benutzte man eine etwas andere Sprache, das „H o c h deutsche" (in seinen Zeitepochen „althochdeutsch", „mittelhochdeutsch", „neuhochdeutsch"). Beide Sprachen unterschieden sich in der Frühzeit noch erheblich, doch gibt es in der n i e d e r deutschen Sprache keine so berühmten Epen wie das (mittel h o c h deutsche) Nibelungenlied.

---

[5] Dieser Vorgang ist anschaulich in der Episode „Herminonen und Duren" des Buches „Die Indoeuropäer", S. 465 ff. beschrieben

So ist es also durchaus möglich, dass bei den Cheruskern zu Augustus Zeiten zwar die Häuptlingsfamilie (Arminius) und etliche engere Gefolgsleute Germanen waren (also „von Hause aus" germanisch sprachen), dass aber die Masse der Krieger „eigentlich" noch „Nordwest-Leute" waren. Die drei Professoren haben das in ihrem inzwischen 60 Jahre alten Buch angedeutet.

Nach der so vernichtenden Niederlage des Varus brauchte das Römische Reich ein Jahr, ehe es wieder in Germanien offensiv vorgehen konnte. Besonders erfolgreich waren diese Vorstöße jedoch nicht.

Im Jahr 14 n. Chr. starb der erste „princeps" des Römischen Reiches (oder nach unserem Ausdruck „Kaiser") Augustus. Nachfolger wurde sein Stiefsohn Tiberius, der vorher ja mehrfach in Germanien Heere kommandiert hatte. Nun war es dessen Neffe Germanicus, der für einige Jahre die Heere befehligte, die in Germanien ö s t l i c h des Rheins versuchen sollten, die römische Herrschaft wiederherzustellen. Germanicus bedeutet übrigens nicht „Germane", sondern „Sieger über Germanen", doch war es damit nicht besonders weit her. Er zog mehrere Jahre lang durch das heutige Westfalen und südliche Niedersachsen, zerstörte und plünderte mehrere Ansiedlungen der dortigen Bewohner, errang auch einige Siege in Gefechten, musste aber auch Niederlagen einstecken. Vielleicht war die Schlacht bei Kalkriese (siehe S. 15/16) eine Schlacht des Germanicus.

Im Jahr 16 stoppte der neue Kaiser die Kämpfe um die „Germania libera", indem er seinen Neffen zurückrief. Er soll das mit den verlogenen Worten getan haben, Germanicus habe bereits genug gesiegt, um ihm einen schönen Triumphzug in

Rom auszurichten. Außerdem solle man die Germanen ihren bekannten internen Kämpfen überlassen.

Die von Römern besetzten Gebiete westlich des Rheins wurden in zwei Militärbezirke, später in zwei Provinzen, geteilt: Niedergermanien (Hauptstadt Köln - damals Colonia Claudia Ara Agrippinensium, CCAA, genannt) und Obergermanien (Hauptstadt Mainz, Moguntiacum). Die Grenze zwischen beiden Provinzen verlief am Vinxtbach, etwa halbwegs zwischen Bonn und Koblenz. Diese Teilung hatte durchaus sichtbare Folgen. Denn während die Befehlshaber von Niedergermanien stets den Fluss Rhein als ihre Grenze und zu verteidigenden „Limes" ansahen, konnten die Befehlshaber im Süden doch bald wieder über den Rhein setzen und ihre Provinz über den Fluss hinweg nach Osten ausdehnen. Die wenigen Einwohner im heutigen Hessen und Baden-Württemberg, die es damals nur gab, waren wohl zu schwach, um sich dagegen zu wehren.

So entstand im Laufe der Jahrzehnte hier ein „Limes", der in Etappen immer weiter nach Osten vorgerückt wurde, im Bestreben, die Grenze zur „Germania libera" abzukürzen, die zwischen dem Oberrhein und der oberen Donau ein riesiges Dreieck bildete und damit unnötig viele Soldaten zu ihrer Bewachung benötigte. Das Wort „Limes" bedeutete ursprünglich nur eine Art Grenzzaun, später wurde daraus ein Grenzwall mit nur wenigen Toren zum Durchlass, Wachttürmen im Sichtabstand und im Hinterland zahlreiche kleine Militärkastelle, in denen römische Soldaten und allerlei Hilfstruppen aus anderen Gegenden des Römerreichs stationiert waren.

In der besten Zeit erstreckte sich dieser Grenzwall quer durch das südliche Hessen, mit einem „Zipfel" bis in die fruchtbare Gegend südlich von Gießen, die Wetterau, und von dort aus fast schnurgerade nach Süden bis in die Gegend von Lorch (bei Schwäbisch Gmünd) und von dort weit nördlich der Donau bis etwa nach Regensburg. Er kürzte damit die zu bewachende Grenze ganz erheblich ab.

Wer damals in diesen Regionen Deutschlands lebte, haben die römischen Schriftsteller nicht überliefert, es interessierte sie nicht. Es können nur wenige Menschen gewesen sein, vermutlich größtenteils noch mit keltischer Sprache. In den Jahrhunderten römischer Herrschaft werden sich vermutlich Menschen aus allen möglichen Gebieten des riesigen Römerreichs dort angesiedelt haben, aber in Wahrheit auch nur sehr, sehr wenige Menschen.

Der „Limes" war keine „Berliner Mauer", auf deren Überquerung unweigerlich die Todesstrafe stand. Sie sollte aber die „Germanen" von jenseits hindern, nach Belieben irgendwo die Grenze zu überqueren. Friedliche Grenzübertritte, etwa zum Handel, waren an den dafür vorgesehen Toren durchaus erlaubt und wurden auch häufig benutzt. Gegen kriegerische Angriffe auf den Limes, die wohl immer wieder einmal vorkamen, gab es eine große Zahl von Wachttürmen unmittelbar am Limes, im Sichtabstand von einander, sowie etwas dahinter kleine Kastelle für römische Grenzwächter, die bei einem feindlichen Angriff schnell alarmiert werden konnten.

In den nächsten Jahrzehnten beruhigte sich die Lage am Limes, am „nassen", dem Rhein, sowie an der Grenzmauer weiter im Süden. Dir nächste größere Unruhe, die im heutigen Deutschland zu verzeichnen war, entstand in der römischen Provinz Niedergermanien. Indirekt hatte sie zu tun mit dem römischen Kaiserthron, auf den inzwischen ein später Nachkomme der Kaiserfamilie geraten war, Nero, dessen geistige Abnormität zunehmend zutage trat und der im Jahr 68 abgesetzt und zum Selbstmord gezwungen wurde. Dieses Jahr wird als „Vier-Kaiser-Jahr" bezeichnet, weil sich nach Nero drei hohe Generäle um den Kaisertitel stritten. Einer davon war der Befehlshaber in Köln, Vitellius, der mit seinen Truppen nach Rom zog, um im dortigen „Kaiser-Wettlauf" mitzumachen. Vergeblich, denn ein weiterer Bewerber um den Thron, der General Vespasian, kam mit seinen Truppen aus dem Nahen Osten nach Rom und besiegte Vitellius, der in der Schlacht umkam.

In der Provinz Niedergermanien begann inzwischen ein römischer Regimentskommandeur einen Aufstand. Es war der Bataver-Fürst Civilis (man kennt nur seinen lateinischen Namen), der ihn anzettelte. Die Bataver waren ein Stamm, an den Rheinmündungen ansässig, angeblich Germanen (wahrscheinlich eher ehemalige „Nordwest-Leute") und seit langem treue Verbündete Roms. Sie stellten zahlreiche Reitertruppen für die römische Armee. Civilis war einer ihrer Anführer, aber voller Wut über die Römer, deren Kaiser Nero ihn zum Tode verurteilt hatte. Diesem Schicksal war er entgangen, aber nun brachte er es im Durcheinander des „Vier-Kaiser-Jahres" dazu, dass nicht nur seine eigenen Truppen meuterten, sondern auch viele andere Hilfstruppen im nördlichen Gallien und Niedergermanien.

Eine wichtige Folge war die Zerstörung des römischen Hauptkastells an der Mündung der Lippe in den Rhein, Castra Vetera (nahe dem heutigen Xanten). Immer mehr römische Hilfstruppen mit eigentlich germanischen und keltischen Soldaten im Norden Galliens und am unteren Rhein (also Nieder-Germanien) schlossen sich dem Aufstand an. Nur mit großer

Mühe gelang es dem vom neuen Kaiser Vespasian entsandten Feldherrn, diesen Aufstand niederzuschlagen [6].

In den weiteren Jahren dieses ersten Jahrhunderts nach der Zeitenwende hatte der Nachfolger Vespasians, Domitian (81 – 98), mehrere Kämpfe gegen Chatten im heutigen Hessen, vor allem aber gegen germanische Markomannen sowie gegen die Völker der Quaden und Jazygen in Pannonien (heute Ungarn, westlich der Donau) auszufechten. [7] Die Jazygen waren keine Germanen, sondern Teile des wichtigen indo-iranischen Volkes der Sarmaten). Von ihnen wird später in diesem Buch noch viel die Rede sein.

Als Abschluss dieses Kapitels muss noch auf eine Gegend Deutschlands eingegangen werden, die von den auf die Zeit des frühen römischen Kaiserreichs spezialisierten Historiekern kaum je erwähnt wird, höchstens Sprachwissenschaftler und Archäologen beschäftigen sich damit. Gemeint ist der Osten des heutigen Deutschlands, einschließlich der heute zu Polen gehörenden Teile.

Wohl schon einige Zeit vor Christi Geburt kamen dort Menschen aus Südschweden und den vorgelagerten Inseln in der Ostsee an, die langsam, aber nachdrücklich nach Süden strebten. Diese Leute sprachen wohl schon ein frühes Germanisch, waren also nach üblicher Ausdrucksweise „Germanen". Ob es klimatische Gründe waren, die die Menschen drängten, aus Südschweden über das Meer auszuwandern oder ei ne Über-Bevölkerung, ist unklar. „Überbevölkerung" bedeute-

---

[6] Eine anschauliche Schilderung dieses sogenannten Bataver-Aufstandes und seiner Folgen für Niedergermanien enthält das Kapitel „Die CCAA windet sich durch", im Buch „Bevor es Deutschland gab", S. 95 ff.

[7] In diese Zeit führt das Kapitel „An der Donaugrenze" (beim heutigen Wien) im Buch „Bevor es Deutschland gab", S. 113 ff.

te natürlich nur, dass in den kleinen Dörfern inzwischen mehr Menschen lebten, als auf den kargen, aus dem Wald herausgerodeten Äckern an Lebensmitteln erzeugt werden konnte. Insgesamt war wohl auch in Südskandinavien die Bevölkerungsdichte nicht höher als im damaligen Gebiet Deutschlands, 2 – 4 Menschen pro Quadratkilometer.

So waren wohl schon vor der Zeitenwende Teile germanisch sprechender Stämme ins spätere Pommern und Westpreußen gekommen: die Rugier, von denen angeblich die Insel Rügen ihren Namen haben soll, sowie die Burgunder, die, wie es heißt, von der Insel Bornholm (= Burgunder-Insel) stammten. Rugier hatten sich auf dem Festland vermutlich etwa um die Weichselmündung (bei Danzig) angesiedelt, Burgunder im späteren Pommern. Sie hatten die sehr wenigen Vor-Einwohner „überschichtet", die sogenannten „Gesichtsurnen - Leute". Das waren Menschen, sehr wahrscheinlich schon mit einer noch primitiven Sprache aus dem Kreis des Indoeuropäischen, die aber noch keinesfalls frühe Slawen waren. Gut tausend Jahre hatten Menschen dieser Kultur dort schon gelebt. Von ihnen kennt man keinen Völkernamen, sondern bezeichnet sie nach den bei ihnen üblichen Tonurnen mit einer stilisierten Menschengesicht, in denen die Asche der Toten nach einer Brandbestattung beigesetzt wurden.

Einige Zeit n a c h Christi Geburt müssen dann auch Goten aus Mittel-Schweden den Weg nach Süden gewagt haben. Sie seien auf einigen Schiffen gekommen und hätten sich im Gebiet der Rugier an der Weichselmündung niedergelassen, so berichtete fast 500 Jahre später der Historiker Jordanes. Nachkommen dieser Goten werden den Lesern dieses Buches in späteren Kapiteln noch vielfach begegnen, obwohl sie sich eigentlich stets a u ß e r h a l b des heutigen Deutschland aufgehalten haben.

Sie sind auch für die Sprachforscher von sehr große Bedeutung, weil sie das einzige Volk mit g e r m a n i s c h e r Sprache sind, von dem große Teile ihrer Sprache schriftlich überliefert wurden. Das lag daran, dass später während ihres Aufenthalts auf der Balkan-Halbinsel der christliche Bischof Wulfila (aus ihrem eigenen Volk, etwa von 350 – 382 n. Chr.) die Bibel in diese Sprache seines Volkes übersetzt hat und große Teile dieses Textes erhalten geblieben sind.

Die überraschende – und vermutlich gut geplante - Ansiedlung einiger hundert wehrhafter Goten und Familien am südlichen Ufer der Ostsee [8] sorgte für weitere Wanderungen von Stämmen mit germanischer Sprache. Die Burgunder erhielten wohl einen „Schubs", der sie weiter nach Südwesten trieb, also in Richtung auf das heutige Deutschland zu.

Die Vandalen, ursprünglich wohl aus Nord-Jütland stammend, hatten schon früh Fuß an der oberen Oder gefasst, im Süden des heutigen Polen. Mit den Kelten, die um die Zeitwende noch im späteren Schlesien siedelten, hatten sie zahlreiche Kontakte, so dass sich ihre materiellen Hinterlassenschaften kaum unterscheiden und von den Archäologen als „Przeworsk-Kultur" bezeichnet werden (nach einem polnischen Dorf genannt).

---

[8] eine gut verständliche Schilderung dieses Geschehens ist zu finden im Buch „Bevor es Deutschland gab", Kapitel „"Neue Wohnsitze über dem Meer" und hier besonders in der romanhaft gestalteten Eingangsepisode „König Berigs Glück " (S. 68 ff.)

Kapitel 2

Erst eine Zeit des Friedens, aber dann immer neue Wanderungen

ca. 100 – 280 n. Chr.

Die Jahrzehnte unter der Herrschaft der Kaiser Trajan und Hadrian (99 – 139) waren für die Römer am Rhein und an der oberen Donau verhältnismäßig friedlich, weniger an der unteren Donau. Denn dort ließ Trajan in mehreren Kriegen mit den Dakern den größten Teil ihres Landes erobern, so dass die Donau nun in ihrer ganzen Länge die Nordgrenze des Römischen Reiches bildete. Die Daker (im heutigen Rumänen) gehörten zu einer großen Gruppe von Völkern mit indoeuropäischer Sprache, die sich im letzten Jahrtausend vor der Zeitwende im Norden der Balkanhalbinsel entwickelt hatten. Auch Thraker, sowie die bis in den Kaukasus ausgewanderten Armenier und andere zählten dazu [9].

Am Rhein herrschte, wie gesagt, Frieden, und so konnte dort, in der Nähe des im Bataver-Aufstand zerstörten großen Kastells Castra Vetera eine ganze neue Stadt gegründet werden, keine Soldatenstadt, den sogenannten Cannabae, wie sie überall neben den nur Soldaten zugänglichen Kastellen als Wohnort der Frauen und Familien der Soldaten und zahlreichen Handwerkern entstanden. Hier am Niederrhein, ganz nahe der Mündung des Flusses Lippe in den Rhein, konnte eine großzü-

---

[9] Über diese ersten Völker indoeuropäischer Sprache auf dem Balkan und in Kleinasien informiert ausführlicher und verständlich das Kapitel 20 des Buches „Die Indoeuropäer": „Vergeblicher Freiheitskampf" (S. 437 ff.)

gig geplante rein zivile Stadt gebaut werden, die bald den Namen „Civitas Ulpia Traiana" erhielt; die Römer sagten in Kurzform „CUT" dazu. Sie war also nach dem Kaiser Trajan genannt, dessen Familienname Ulpius lautete. Sie erhielt auch bald das Recht, sich Civitas zu nennen, und galt daher als so etwas wie ein kleines Rom, mit Forum, Amphitheater, Capitol mit einem großen Tempel und einer eindrucksvollen Stadtmauer. Sie wurde bald zur zweitgrößten Römerstadt nach Köln in der Provinz Niedergermanien.

Durch ihre günstige Lage am Ufer des Rheins und gegenüber der Einmündung der Lippe wurde sie sehr schnell zu einem wichtigen Handelszentrum, denn der Niederrhein war zwar Grenzfluss und „Limes", aber zugleich auch eine ganz wichtige Handelsstraße für den lebhaften Schiffsverkehr der Römer, der sich darauf entwickelte. Zur Sicherung dieses Verkehrs, vor allem gegen etwaige germanische Überfälle und zur Sicherung des Rheins als „Limes" wurde bald eine Flottille wendiger und sehr schneller römischer Ruderboote mit schwer bewaffneten Soldaten gegründet, die für die Sicherheit der Handelsschiffe sorgen sollten.

Diese „CUT" ist die einzige größere römische Siedlung geblieben, die nicht im Mittelalter von moderneren Städten überbaut wurde und daher heute und für die nächsten fünfzig Jahre als „Spielwiese" für die Archäologen dienen kann, die jedes Jahr ein neues kleines Stück davon ausgraben und sorgfältig wiederherstellen können. Es ist höchst beeindruckend, wenn man durch die Straßen geht und die vielfach nachgebauten römischen Gebäude bewundern kann, ein Freiluftmuseum besonderer Art.

Nicht nur diese Stadt wurde vor 1900 Jahren völlig neu gebaut, auch zahlreiche römische Gutshöfe entstanden in der jetzt so friedlichen Provinz Niedergermanien. Die weit entwickelte römische Wirtschaftsform sorgte dafür, dass sich reiche Römer – womöglich durch gute Beziehungen zur Provinzverwaltung – irgendwo an geeigneter Stelle ein großes Stück Land aneigneten und darauf einen Gutshof in italienischen Stil bauen ließen, genannt „villa rustica". Auf den umliegenden Feldern und Weiden ließen sie dann von Kolonen Feldfrüchte züchten und Vieh weiden. Diese Kolonen hausten in einigen Hütten auf dem Gutsgelände; sie waren keine Sklaven, aber in finanzieller Hinsicht völlig vom Gutsherrn abhängig und in ihrem Lebensstandard nicht viel anders als Sklaven.

Solche villae rusticae sind in allen Gebieten Deutschlands entstanden, die etwa bis zum Jahr 260 zum Römischen Reich gehörten, also westlich des Rheins, südlich der Donau und auch in dem großen Streifen, den der inzwischen weit nach Osten vorgeschobene Limes noch zum Reich dazu geschlagen hatte. Diese Siedlungsform ließ keine kleinen Dörfer in der Landschaft entstehen, wie sie später im Mittelalter für Deutschland typisch waren. Sondern es waren große Gutshöfe, die häufig von großen Gebieten umgeben waren, die von Menschen nicht genutzt wurden.

Die Entstehung vieler größerer und kleinerer Städte – fast immer nur an den Flüssen oder am Limes – und der villae rusticae zog natürlich neue Einwohner an, die infolge der Reisefreiheit theoretisch aus allen Gegenden des riesigen Römischen Reiches kommen konnten. So ist es zumindest denkbar, dass nicht nur Italiener, sondern auch Spanier, Illyrer, Thraker, Kelten, Ägypter oder Nordafrikaner nach den Provinzen Ober- und Nieder-Germanien sowie Raetica und Noricum strömten, um als kleine Handwerker oder eben auch als Kolonen dort ihr Brot zu verdienen: eine bunte Mischung ! Die Einwohnerzahl der genannten Provinzen dürfte in diesen gut hundert Jahren des Friedens beträchtlich zugenommen haben: vielleicht um tauend oder zweitausend – pro Jahr ! Zusammengenommen waren das dann möglicherweise 200 000 oder mehr Menschen zusätzlich, die im römischen Teil Germaniens lebten. Trotzdem war auch in diesem Teil unseres Landes die Bevölkerungsdichte immer noch sehr gering.

Wie sah es zur gleichen Zeit im „freien Teil" Germaniens aus, dem Land jenseits des Limes ? In dieser friedlichen Zeit dürfte es zu regelmäßigen Besuchen jeweils durch die Tore im Limes gekommen sein, zu Handel, zu Auswanderungen und zu Heiraten ! Vielleicht gab es auch den einen oder anderen Versuch von Menschen östlich des Limes, ihn als Räuber zu überschreiten. Doch insgesamt waren diese Jahrzehnte, wie erwähnt, recht friedlich. Die geringe Bevölkerungsdichte hier änderte sich auch nicht, eher war es so, dass Menschen nach Westen und Süden abwanderten – oder bei vergeblichen Raubüberfällen ums Leben kamen.

Das alles begann sich ab der Mitte des zweiten Jahrhunderts n. Chr. zu ändern. Klimaforscher haben festgestellt, dass es ab dieser Zeit wieder in Nord- und Mitteleuropa deutlich kälter wurde – die Gründe dafür sind unbekannt. Das hatte ganz sicher starke Auswirkungen auf die Menschen, die dort lebten. Sie kannten ja noch keine längerfristige Vorratshaltung, vielmehr dürfte bei ihnen die Regel gegolten haben: „Ein Jahr schlechte Ernte = Hunger, zwei Jahre = Not, drei Jahre = Abwanderung", zumindest von Teilen der Bevölkerung.

Ob die Goten an der unteren Weichsel die ersten waren, die abzuwandern begannen, steht nicht fest. Auf jeden Fall aber begannen sie in dieser Zeit in größeren Gruppen den Weg nach Südosten, der sie nun endgültig aus dem Gebiet des späteren

Deutschland heraus und in die Weiten Südrusslands (und später noch weiter) führte [10].

Es ist stark anzunehmen, dass die Auswanderung von Goten aus dem Gebiet um die Weichselmündung nach Südosten auch ihre Nachbarn in Bewegung setzte. Die Burgunder waren ohnehin eher auf dem Weg nach Westen, sie dürften jetzt von Pommern nach dem südlichen Brandenburg gezogen sein. Die Vandalen im Gebiet der oberen Oder und Weichsel trieb es weiter nach Südosten nach dem späteren Galizien. Um das Jahr 170 gab es kaum einen Abschnitt der über 4000 Kilometer langen Nordgrenze des Römischen Reiches, von der Rheinmündung an der gesamten Donau entlang bis zum Schwarzen Meer, der nicht von Germanen und anderen Völkern berannt und zeitweise überschritten wurde.

Die Jahre zwischen 166 und 180 werden von den Historikern als die Zeit der „Markomannenkriege" bezeichnet, weil ständig Menschen aus diesem Volk mit den Römern im Krieg lagen, und zwar an dem heute österreichischen und ungarischen Teil des Donaulaufs.

Markomannen („Grenz-Männer" ?) waren ein großer Stamm von germanisch sprechenden Menschen (wenigstens in der Oberschicht ?), der schon seit Langem das böhmische Becken bewohnte, also das heutige Tschechien. Über 100 Jahre früher, zur Zeit des Arminius, war Marbod ein bekannter König dieses Volkes gewesen. Er hatte sich bemüht, durch vorsichtige Neutralitätspolitik gegenüber den Römern sein Volk

---

[10] Diese „2. Wanderung" der Goten wird in einer Episode in Romanform beschrieben und dadurch anschaulich gemacht im Kapitel 8 („Und wieder wandern die Goten") des Buches „Bevor es Deutschland gab", S. 131 ff.; Auch die Klimaverschlechterung dieser Zeit und ihre Folgen für andere Germanenstämme wird genauer behandelt.

und sein Land vor einer Eroberung durch römische Truppen frei zu halten.

Auch sonst hatten sich im südöstlichen Mitteleuropa damals schon viele (in ihrer Oberschicht) germanisch sprechende Stämme angesiedelt. In der heutigen westlichen Slowakei waren es die Quaden. Sie alle waren nun in der ziemlich plötzlich hereingebrochenen „Kaltzeit" in Unruhe geraten und versuchten, über den Limes, den hier der Lauf der Donau bildete, hinweg in wärmere, südliche Gefilde zu kommen.

Das fing zunächst sehr friedlich an. Es muss im Jahr 165 gewesen sein, als eine große Gruppe von Germanen mit Frauen und Kindern an der Donau erschien und flehentlich bat, sie über den Fluss zu lassen und ihnen auf römischem Gebiet Ackerland zuzuweisen. Die Herkunft dieser Germanen wird nicht genannt. „Die Germanen wurden durch Verhandlungen hingehalten und später verjagt", berichten die zeitgenössischen römischen Geschichtsquellen lakonisch. Ein Jahr später waren es angeblich 6000 Langobarden von der unteren Elbe und „Obier" – welches Volk sich unter diesem nur hier auftauchenden Namen verbirgt, weiß man nicht –, die die Römer nun schon militärisch bedrohten. Auch sie wurden blutig zurückgeschlagen.

Von nun an verging kein Jahr ohne Einfälle Land und Wärme suchender Germanen an der mittleren Donau. Zuerst kamen sie wohl aus dem nördlichen Germanien, also dem heutigen Norddeutschland. Aber bald konnten sich auch die nahe der Grenze wohnenden Markomannen und Quaden dem Druck nicht widersetzen.

Auch die Jazygen von jenseits der Donau (unterhalb des heutigen Budapest) beteiligten sich regelmäßig an diesen Kämpfen. Sie waren keine Germanen, sondern ein Teilstamm des großen Volkes der Sarmaten, Nachfolger der Skythen, genetischen und sprachlichen Verwandten der antiken Perser. Von diesen Jazygen und Sarmaten wird in späteren Kapiteln dieses Buches noch viel die Rede sein, weil sie eine sehr wichtige Rolle bei der Entstehung des „Fränkischen Reiches" und einigen d e u t s c h e n Volksstämmen spielen sollten.

Die Markomannen-Kriege hörten und hörten nicht auf. Sie zwangen den derzeitigen römischen Kaiser Mark Aurel dazu, persönlich an die Donaufront zu kommen und den Oberbefehl über die Kämpfe zu übernehmen. Zwar hat er nicht mit dem Schwert an der Hand selbst an der Spitze seiner Legionen gestanden, aber er konnte so ohne Zeitverzug selbst wichtige Entscheidungen treffen.

Mit Kaiser Mark Aurel (Marcus Aurelius) tritt noch einmal ein römischer Kaiser ins Rampenlicht, den seine Zeitgenossen und auch die moderne Geschichtswissenschaft sehr lobend erwähnen. Schon lange kamen die römischen Kaiser nicht mehr aus der alt-römischen Senatoren-Elite, sondern waren erfolgreiche Heerführer, die von ihren Truppen zum Kaiser ausgerufen worden waren. Inzwischen entstammten sie längst allen möglichen, von Italien weit entfernt liegenden Provinzen des Römischen Reiches. Mark Aurel war seinem Wesen nach Philosoph (der sogenannten „stoischen" Schule aus dem alten Griechenland). Seine soziale Einstellung, etwa gegenüber Frauen und sozial schlechter Gestellten, war ziemlich selten im Altertum. Doch zugleich hatte er auch die Entschlossenheit, die ein Anführer großer Heere benötigt.

Die letzten Jahre seines Lebens (177 – 180) verbrachte dieser Kaiser im römischen Hauptquartier für die Donaufront, dem Kastell Carnuntum (an der Donau unterhalb von Wien). Dort starb er auch an einer Krankheit, die als „Pest" bezeichnet wird, wahrscheinlich aber Fleckfieber war, nicht die „Beulenpest", die im Mittelalter Europa überzog.

Sein Sohn Commodus, der ihm als Kaiser folgte, befehligte noch einige weitere römische Einfälle ins Land nördlich der Donau. In den Jahren zuvor, noch unter Kaiser Mark Aurel, hatte das Römische Reich ehrgeizige Pläne gehegt, j e n - s e i t s der Donau größere Gebiete zu annektieren, als Provinzen Markomannia, Quadia und Jazygia. Doch nach 16 Jahren unentwegter Kriege, die nicht nur die Gegner, sondern auch das Römische Reich stark in Mitleidenschaft gezogen hatten, war Commodus gezwungen, mit den drei bekämpften Völkern Friedensverträge zu schließen, die auf dieses ehrgeizige Vorhaben verzichteten, aber auch die kampfunlustig gewordenen Gegner zu weitgehenden Zugeständnissen zwangen [11].

Schon die altrömischen Historiker, aber auch die moderne Geschichtswissenschaft haben die Herrschaft des Kaisers Commodus als eine Art Schicksalswende für das Römische Reich angesehen. Mit ihm endeten fast zwei Jahrhunderte meist „guter" und auch starker Kaiser, denen es im großen und ganzen gelang, die „pax Romana", den inneren Frieden, zu wahren und den allgemeinen Wohlstand, selbst für die einfache Bevölkerung, zu mehren, trotz mancher Bedrohung der äußeren Grenzen. Mit Commodus begannen die instabilen Verhältnisse der Spätantike: im Inneren mit häufig wechselnden und vielfach unfähigen Kaisern, mit einem allmählichen

---

[11]   Das Buch „Bevor es Deutschland gab" enthält im Kapitel 9 („Fünfzehn Jahre Kampf an der Donaufront", S. 140 ff.) eine in Romanform geschriebene Episode „Ein Friedensschluss", der für heutige Leser verständlich die politische Situation und die Zeremonien beschreibt, die für einen solchen Friedensschluss notwendig waren. In den weiteren Teilen des Kapitels wird die allgemeine Situation in diesen Jahren im Osten Mitteleuropas näher beschrieben.

Zerfall der bis dahin blühenden Wirtschaft, mit einer bedrohlicher werdenden Unsicherheit für die Menschen außerhalb der mauergeschützten Städte. Nach außen markiert seine Regierungszeit den allmählichen Wechsel von der bis dahin verfolgten Tendenz zur Ausweitung des Römischen Reiches zu einem schrittweisen Zurückweichen unter dem Druck der „Barbaren", und zwar überall, in Nordafrika, in Vorderasien und in Europa.

Auch im Inneren des heutigen Deutschlands, also im Gebiet, von dem dieses Buch erzählen will, hatte längst ein stiller Wandel begonnen, schon lange vor der so schicksalsträchtigen Klimaveränderung. Die alten, offenbar relativ kleinen Stämme, die zur Zeit des Augustus in der „Germania libera" lebten, scheinen sich zu größeren Einheiten zusammengefunden zu haben. Ob sie damit allerdings zu festen „Völkern" wurden, wie wohl die römischen Berichterstatter und auch die deutschen Historiker bis fast in die Jetztzeit vermuteten, ist sehr fraglich. Das muss etwas näher erklärt werden.

Unter der Herrschaft des Kaisers Caracalla (211 – 217) wurde zum ersten Mal von Überfällen von gewissen „Alemannen" auf den Limes im heutigen Hessen und nördlichen Württemberg berichtet. Dass es sich dabei um aus der Not geborene Bündnisse verschiedener kleiner Germanengruppen und um erste Versuche handelte, den Limes dort im mittleren Deutschland zu durchbrechen und zur Behebung des eigenen Hungers im „reichen" römischen Gebiet auf Plünderung auszuziehen, wird in einer romanhaft beschriebenen Episode und anschließenden Erläuterungen berichtet [12].

---

[12]   „Bevor es Deutschland gab", Kapitel 10: „Als die Alemannen noch nicht Alemannen hießen", S. 154 ff, vor allem in der Einleitungs-Episode „Erzwungene Angriffspläne"

Der Begriff Alemannen (oder Alamannen) muss ein Wort aus der germanischen Sprache sein und bedeutet sicher „Männer aus allen Stämmen" (man sieht daran, dass unsere heutige deutsche Sprache wirklich vom Germanischen abstammt). Aber es ist völlig ungewiss, ob auch in späteren Jahrzehnten und Jahrhunderten die Menschen sich selbst so bezeichneten, in denen römische Schriftsteller von Angriffen und Kämpfen mit „den Alemannen" berichten.

Das „einheitliche Volk" der Alemannen, von dem die römischen und später auch die modernen deutschen Historiker ausgingen, muss jedoch keineswegs so existiert haben. Vielmehr war es wohl ein auch im Lateinischen gut auszusprechender Oberbegriff für die vielen germanischen Gruppen, die den Römern in den Jahrhunderten nach 200 n. Chr. am oberen Rhein und auch am Limes im späteren südlichen Württemberg und noch später im Elsass entgegentraten.

„Der Begriff Alemannen ist in Mainz geschaffen worden", erklärte ganz am Ende des 20. Jahrhunderts ein deutscher Historiker, Fachmann für die römisch-germanischen Beziehungen, allerdings sehr vorsichtig [13]. Er meinte damit, dass die römischen Militärs, die in der Provinz O b e r g e r m a n i e n (Hauptstadt Mainz = Mogontiacum) an ihrer Provinzgrenze und später auch weit jenseits davon mit den ständigen Kämpfen mit den lästigen barbarischen Kriegern zu tun hatten, der Einfachheit halber alle ihre germanischen Gegner so bezeichneten. Das gaben sie auch in ihren schriftlichen Berichten an ihre Vorgesetzten so weiter. So dürfte bei den R ö m e r n –

---

[13] Walter Pohl, Alemannen und Franken – Schlussbetrachtung aus historischer Sicht ; in D. Geuenich (Hrsg.) Die Franken und die Alemannen bis zur „Schlacht bei Zülpich" (496/497), Erg. Bd. 19 zum Reallexikon der germanischen Altertumskunde (RGA) Berlin-New York 1998, S. 636 f.

keineswgs sicher auch bei den betreffenden Germanen ! – die Vorstellung eines einheitlichen Volkes entstanden sein.

Solche „Alemannen" waren es auch, die im Jahr 233 den Limes endgültig überrannten, und zwar in Nordhessen, der sogenannten Wetterau. Es gelang ihnen auch, diesen Grenzwall teilweise zu zerstören. Die Römer mussten ihn an dieser Stelle aufgeben und sich erheblich weit zurückziehen.

Daran konnte auch der Kaiser Maximinus Thrax (235 – 238) nichts ändern, der für einige Jahre (als gebürtiger Thraker !) auf den Thron gesetzt worden war. Er gehörte zu den Herrschern, die noch einmal viel Mühe aufwandten, um die aufrührerischen Germanen zu „züchtigen". Im Gebiet des heutigen Württemberg hatte er Erfolge, und in seiner Zeit (235 ?) muss auch eine größere militärische Expedition in die „Germania libera" entsandt worden sein, um die Aufrührer weit hinter der Frontlinie zu bekämpfen.

Deutsche Archäologen haben erst vor wenigen Jahren die Überreste einer Schlacht zwischen römischen Soldaten und Germanen ausgegraben, und zwar weit im Norden am Harzhorn, einer Hügelkette längs der oberen Leine beim niedersächsischen Northeim. Davon existiert keinerlei schriftliche Überlieferung, daher war das Erstaunen der Experten groß. Diese Schlacht, die sich offenbar über einige Tage hingezogen hat, scheint n i c h t zu Gunsten der Germanen ausgefallen zu sein; die römischen Katapulte – eine sehr effektive Fernwaffe, der späteren Artillerie vergleichbar – haben vermutlich die Germanen in die Flucht geschlagen.

Dennoch, diese Expedition weit ins Feindesland hinein hat keine nachhaltige Wirkung erzielt. Insgesamt blieben die Römer in diesen Jahrzehnten in der Defensive.

In den Jahren um 259/260 wurde es dramatisch am römischen Limes gegen die Germanen. Fast gleichzeitig stürmten hier wilde Germanenscharen, vermutlich vom Hunger getrieben, über den Rhein in die Provinz N i e d e r germanien und über den ja bisher noch weit östlich des Rheins vorhandenen Limes in die Provinzen O b e r germanien und Raetien. Es muss sich dabei um große Zahlen germanischer Krieger gehandelt haben, die fast gleichzeitig nach Westen stürmten. Eine übergeordnete Steuerung durch einen etwaigen germanischen Feldherrn ist allerdings mehr als unwahrscheinlich. Der innere Druck –wohl durch anhaltend schlechte Ernten und dadurch erzeugten Hunger ? – muss so groß gewesen sein, dass die schwach und vielleicht auch unaufmerksam gewordenen römischen Grenztruppen den Ansturm nicht verhindern konnten.

Am Niederrhein (Provinz Niedergermanien) wurde für diese Zeit zum ersten Mal in römischen Quellen vom Einfall von „Franken" berichtet. Diese „Franken" kamen über den Rhein und plünderten und zerstörten etliche römische Kastelle, aber auch die unverteidigte Zivilstadt CUT (Xanten), die seitdem in Trümmern lag. Viele Gruppen der beutelustigen Germanen gelangten bis ins völlig unverteidigte Gallien, ja bis nach Spanien.

Mit den „Franken" schient es ähnlich gegangen zu sein wie mit den Alemannen am Oberrhein. Die römischen Militärbefehlshaber in der Provinz Niedergermanien hatten keine Ahnung, von welchen Germanenstämmen sie angegriffen wurden, und es war ihnen auch ganz egal. Sie kannten den Ausdruck „Franken" (lateinische: „Francones"), den sich wohl einige erste Plünderergruppen selbst gegeben hatten. Das germanische Wort soll „Die Mutigen" bedeuten. So ist wohl der

O b e r begriff „Franken" für alle Germanengruppen entstanden, die über den N i e d e r rhein kamen und ins Römische Reich einfielen. Man könnte (in Anlehnung an die oben wiedergegebene Äußerung eines deutschen Historikers) sagen, der Name „Franken" sei in Köln, der römischen Provinzhauptstadt, entstanden. Köln, damals noch relativ gut verteidigt, wurde wohl bei diesen Überfällen umgangen, im Gegensatz zur „CUT".

Allerdings, ein germanisches V o l k , das sich großräumig zusammen gehörig erachtete, waren diese vielen verschiedenen Germanengruppen auch im Norden bestimmt nicht. Erst d e u t s c h e Historiker ab dem frühen 19. Jahrhunderts haben einen „fränkischen Bund" und noch später ein „fränkisches V o l k" daraus gemacht, in Parallele zu dem damals aus Preußen, Sachsen, Oldenburgern, Bayern und vielen anderen „Nationalitäten" zusammenwachsenden d e u t s c h e n   Volk ! Erst mehr als zwei Jahrhunderte nach dem ersten Auftauchen des Begriffs „Franken" sollte er ein Name für ein ganzes Volk werden, und zwar unter dem „Frankenkönig" Chlodwig (König von 482 – 511). Dazu wird im 5. Kapitel dieses Buches noch viel zu erklären sein.

Auch am obergermanisch-raetischen Limes waren zur gleichen Zeit, also um das Jahr 260 n. Chr., die römischen Verteidiger in den kleinen Kastellen hinter dem Rest der Mauer ängstlich und verzweifelt geworden. „Römer", also Menschen aus Rom und Italien, waren es ohnehin kaum noch; statt dessen wie fast überall an den Grenzen des Römerreichs eine bunte Mischung von Menschen mit Herkunft rund um das Mittelmeer. Die einst einheimischen Kelten waren vermutlich nur noch eine kleine Minderheit unter den Bewohnern der Provinzen Obergermanien und Raetien [14].

Die Jahre um 260 waren die Zeit, da Rom alle seine Eroberungen östlich des Rheins und nördlich der Donau aufgeben musste. Der Limes – hier zunächst nur als Grenzlinie verstanden – wurde an diese Flüsse zurück verlegt. Die Alemannen, die nun ungehindert weit nach Westen und Süden vordringen konnten, besiedelten das Neckartal und Teile des vorher siedlungsleeren Schwarzwaldes. „Das Schicksal der gallorömischen Bevölkerung der rechtsrheinischen Gebiete ist unklar", schreibt der „Ploetz", das große historische Nachschlagewerk [15] in der üblichen, alles offen lassenden Sprache der Archäologen.

Doch man kann ziemlich sicher davon ausgehen, dass diese „einheimische" Bevölkerung keineswegs vollständig vertrieben oder gar totgeschlagen wurde, sondern dass sie nun Knechtsdienste für die alemannischen Herren verrichten und sicher auch bald zu deren Sprache übergehen musste. Allerdings, viele Menschen waren es auch jetzt nicht, die im heutigen Südwestdeutschland lebten. Die Bevölkerungsdichte seit der Zeit um Caesar (2 – 4 Menschen pro Quadratkilometer) dürfte nur ganz wenig angestiegen sein.

Das Römische Reich durchlief allerdings auch gleichzeitig eine politische Schwächeperiode. Mehrere, meist ziemlich unfähige Kaiser folgten sich in schnellem Abstand, und für einige

---

[14]   Die vermutliche Stimmung der „einheimischen" Bewohner der römischen Kastelle kurz vor ihrer endgültigen Eroberung und Zerstörung durch „Alamannen" schildert die Episode „Nicht ob, sondern wann ist die Frage" im Kapitel 12 des Buches „Bevor es Deutschland gab" (S. 181 ff.): „Der Damm hält die Flut nicht mehr".
[15]   Der Große Ploetz 32. Auflage 1998

Jahre gab es sogar in Gallien – dazu gehörten auch die germanischen Provinzen und Raetia ! – ein unabhängiges Sonderreich mit einem eigenen Kaiser mit dem Namen Postumus (259). Nach längeren erfolglosen Kämpfen gegen diesen Usurpator gelang es dem „eigentlichen" römischen Kaiser erst im Jahr 274, diesem Sonderreich in einer Schlacht ein Ende zu machen.

In den Jahren davor, 268 -271, verzeichneten die römischen Historiker ziemlich einsilbig „Einfälle von Alemannen und Juthungen" bis weit nach Gallien und Raetien (die heutige Schweiz) hinein. Diese Juthungen waren ein anderer angeblich germanischer Stamm, der jetzt erstmalig in den Schriftquellen auftauchte.

Kapitel 3

Viel Neues im Römerreich –
aber in Germanien nur noch Verteidigung ´

284 – 375 n. Chr.

Im Jahr 284 wurde der Gardepräfekt Diokletian von seinen Truppen auf den Kaiserthron des Römerreiches gesetzt, wie das schon vor ihm in zahlreichen Fällen geschehen war. Doch war dieser Mann wohl schon eine sehr bemerkenswerte Persönlichkeit.

Er kam aus Illyrien, dem Nordwesten der Balkan-Halbinsel und hatte sich aus einfachen Verhältnissen zu seiner sehr bedeutenden Stellung als General der Gardetruppen emporgearbeitet. In seiner mehr als 20-jährigen Herrschaft als Kaiser hat er zahlreiche wichtige Reformen für das Reich durchgesetzt. Einige davon müssen hier erwähnt werden, weil sie auch für das spätere Deutschland wichtige Folgen hatten.

Die bekannteste dieser Reformen war die „Erfindung" der „Vier-Kaiser-Herrschaft". In der richtigen Erkenntnis, dass das Römische Reich inzwischen viel zu groß und überall an seinen Grenzen rund um das Mittelmeer verletzlich war, um nur von e i n e m Kaiser regiert zu werden, teilte er zunächst das Reich in zwei Teile: West-Rom und Ost-Rom. Er selbst hielt sich meist im Osten auf, für den Westen ernannte er einen vertrauten General zum „Mit-Kaiser". Jeder dieser beiden Kaiser sollte sich dann einen geeigneten Nachfolger aussuchen und ihn adoptieren, Diese beiden „Caesaren" sollten auch eigene Zuständigkeiten in ihnen zugeteilten Regionen erhalten. In allen wichtigen, das gesamte Reich bereffenden Fragen sollten die „vier Kaiser" aber sich gemeinsam beraten und gemeinsam handeln. Leider hielt diese schöne Konstruktion kaum über die Lebenszeit Diokletians hinaus.

Das „West-Reich" wurde in zwei große „Diözesen" aufgeteilt: Zur Diözese „Italia" gehörten u.a. Italien mit Rom, die Provinzen Raetia, Norica, Pannonia und andere westbalkanische Provinzen, aber auch Nordafrika (ohne Ägypten). Die zweite Diözese hieß „Gallia" und umfasste neben dem eigentlichen Gallien (dem heutigen Frankreich) die beiden germanischen Provinzen westlich des Rheins, aber auch Britannien und Hispanien (Spanien und Portugal).

Andere wichtige Reformen betrafen die weitere Einteilung des Reiches. Diokletian vermehrte stark die Zahl der Provinzen, die zugleich auch meist verkleinert wurden. Auch die Legionen des Heeres wurden verkleinert und zugleich vermehrt. Zivile Ämter (etwa der Provinz-Gouverneure) wurden strikt von militärischen Ämtern getrennt.

Die wirtschaftlichen Reformen Diokletians wurden von den Historikern des 19. und 20, Jahrhunderts zwar erwähnt, aber wohl selten in ihren langfristigen Auswirkungen näher durchdacht. So erließ Diokletian eine Art Preisstopp: Für zahllose Waren und Dienstleistungen wurden Höchstpreise verordnet. Aber da diese Preise auch nach vielen Jahrzehnten nie der Wirklichkeit angepasst wurden (der Begriff „Inflation" war den Römern noch unbekannt, obwohl sie natürlich trotzdem existierte), war dies der Grund für ständige Tricksereien mit Preisen.

Ähnliches passierte mit der Steuerreform. Der Kaiser ließ für jede der vielen Provinzen die Zahl der Einwohner schätzen (eine Volkszählung wie zu Zeiten des Augustus gab es nicht) und in diesem Verhältnis das Steueraufkommen festlegen, das diese Provinz für den Gesamt-Etat (Finanzhaushalt) des Reiches aufzubringen hatte. Dieses „Provinz-Soll" .wurde dann auf die Kommunen in der Provinz und letztlich auf die Familien der steuerpflichtigen Einwohner umgelegt.

Da diese Steuer-Summen aber auch nach hundert Jahren nicht geändert wurden, hatte das zur Folge, dass in Provinzen wie etwa im Norden Galliens und den beiden germanischen Provinzen jeder Steuerpflichtige vielleicht doppelt so viel zahlen musste wie ursprünglich, weil die Einwohnerzahl sich so stark verringert hatte, aber der gleich gebliebene Betrag auf den Kopf der verbliebenen Einwohner umgelegt wurde.

Unter den modernen Historikern, die sich mit den Gründen für den späteren Untergang des Weströmischen Reiches beschäftigt haben, gibt es nur wenige, die auch die wirtschaftlichen Gründe dafür einbeziehen. Aber wohl keiner hat die katastrophalen Folgen gerade in den Provinzen Nieder- und Ober-Germania und Belgica bedacht, die damals dort (und vor allem nur dort) eintraten. Im 5. Kapitel dieses Buches werden diese nicht voraus gesehen Folgen der Reformen Diokletians noch eine wichtige Rolle spielen.

An der Außengrenze seines Reiches ließ Diokletian verschiedene Male „Strafexpeditionen" seiner Soldaten in die Wohnsitze der „Barbaren" jenseits des Rheins – der „Alemannen" am Oberrhein, der „Franken" am Unterrhein – durchführen.

Hier an der Nordgrenze waren einige der von den „Franken"-Einfällen der 260er Jahre zerstörten Kastelle und Gutshöfe notdürftig wieder aufgebaut worden. Zur besseren Verteidigung auf dem Land hatten sich die übrig gebliebenen Villae rusticae oft mit hohen Mauern umgeben, als seien sie kleine

Städte, die von ihren Bewohnern verteidigt werden sollten. Der vorher entstandene, relativ ansehnliche Wohlstand kehrte in den germanischen Provinzen (und in der westlich angrenzenden Provinz Belgica I) nicht mehr zurück. Hier oben im Norden ging es nur noch um eine halbwegs erfolgreiche Verteidigung des Limes am Rhein und an der Donau – mehr nicht. Wahrscheinlich wurde schon in dieser Zeit der „Limes", also die als zu verteidigende Grenze angesehene Linie, vom Niederrhein (etwa von der heutigen Grenze zu Holland an) auf den Unterlauf der Maas nach Süden zurückgenommen. Die Stadt Köln (CCAA) blieb aber davon unberührt und in römischer Hand.

Gegenüber den Zeiten des Kaisers Augustus hatte sich auch die Zusammensetzung der römischen Armee ganz grundlegend verändert. Damals hatte der Kern der Armee aus Soldaten aus Italien bestanden, die in großen Legionen zusammengefasst und in langjähriger Dienstzeit streng exerziert wurden. Nur wenige fremdstämmige Einheiten (meist Reiterregimenter) ergänzten damals das Heer.

Jetzt, 300 Jahre später, gab es wohl kaum noch einen aus der Halbinsel Italien stammenden Soldaten im Heer, dafür kamen sie aus allen möglichen Provinzen: Ägypten, Spanien, Illyricum, Thrakien – sie alle galten ja nun als „Römer". Und viele, viele waren auch Söldner, die von jenseits der Grenzen kamen. Die recht gute Bezahlung, die Rom seinen Soldaten zukommen ließ, lockte inzwischen zahlreiche junge Männer von jenseits des Limes. So dienten nun schon zehntausende von Soldaten aus der Germania libera in den kleinen Kastellen am Limes. Wie es damals wohl üblich wurde, brachten sie Frauen mit, gründeten Familien, und die wurden zu Bauern rund um ihre Kastelle.

Es ist fraglich, ob sich überall im Römischen Reich a l l e Einwohner als R ö m e r fühlten. Sicher tat das nur eine kleine Oberschicht, die einwandfrei Lateinisch sprechen, wahrscheinlich auch schreiben konnte und genug Geld auch für einige Luxusausgaben hatte. Diese „Maiores" fühlten sich der ungebildeten und armen Schicht der kleinen Handwerker, Schiffer, Händler und auch Soldaten, den Colonen und Sklaven (oder deren freigelassene Nachkommen), dem „Plebs" oder den „Minores", weit überlegen. Der im vorigen Kapitel erwähnte Kaiser Mark Aurel, der da anders dachte, war eine große Ausnahme im Altertum.

Von diesen „Römern" wurden die meist germanischen Söldner in der Armee, die inzwischen so zahlreich geworden waren, und von denen man im einzelnen überhaupt nicht wusste, aus welchem Stamm sie kamen, etwas verächtlich „Franken" genannt. Man brauchte sie, war aber zugleich misstrauisch ihnen gegenüber, und vor allem, man sah auf sie herab.

Ebenfalls seit der Zeit Diokletians begann es Brauch – oder sogar Zwang – zu werden, dass Berufe erblich wurden. Der Sohn eines reichen Kaufherrn, der zugleich in seiner Kleinstadt so etwas wie ein Mitglied des Stadtrates war, musste den Beruf (und die Pflichten) des Vaters übernehmen, ob er wollte oder nicht, der Bauer oder der Soldat auch.

Alle diese Entwicklungen dürften mit den Reformen Diokletians ihren Anfang gefunden haben; in den weiteren Jahrzehnten der jetzt begonnenen „Spätantike" prägten sie sich immer mehr aus. Sie sind aber nur von wenigen zeitgenössischen Historikern beachtet worden. Für die Geschehnisse im Norden Galliens – dieses Gebiet ist für einige der nächsten Jahrhunderte untrennbar mit den Vorgängen in „freien Germanien" verknüpft – waren sie ausschlaggebend.

In die Zeit des Kaisers Diokletian dürfte es auch gefallen sein, dass an der Grenze der Provinz Pannonia ein altes Kastell wieder von Soldaten besetzt und ausgebaut wurde, auf einem Hügel am Westufer der Donau, dicht südlich der Provinzhauptstadt Aquincum. Heute steht genau an dieser Stelle das ungarische Königsschloss im westlich des Flusses gelegenen Stadtteil der ungarischen Hauptstadt Buda-Pest.

Die Soldaten, die da einzogen, waren keine Germanen, sondern Panzerreiter aus dem sarmatischen Stamm der Roxolanen. Dieser Stamm lebte eigentlich auf der anderen, der nichtrömischen Seite der Donau und ließ seine Kuh-, Schafs- und Pferde-Herden in der Gegend weiden, die man heute auf Ungarisch Puszta nennt. Früher hatten sich diese Sarmaten heftige Kämpfe mit den Römern geliefert, zusammen mit den vielen Germanen-Stämmen, die inzwischen in Ungarn und überhaupt auf der nördlichen Balkan-Halbinsel angekommen waren. Doch nun waren diese Sarmaten friedlicher geworden und boten Gruppen ihrer berühmten und hoch angesehenen Panzerreiter den Römern gegen Sold zur Dienstleistung an.

400 und mehr in Eisen gepanzerte Reiter, auch die Pferde mit Panzern geschützt, hatten einen Angriffsstil entwickelt, indem diese Front von 400 Soldaten eng zusammengeschlossen im Galopp auf den Gegner zupreschte, mit eingelegten Lanzen – für Fußtruppen so etwas wie heute ein Angriff einer Division modernern Kettenpanzer auf Infanterie ohne Panzerfäuste.

Im römischen Heer dienten schon etliche solche „Dracones", wie man die Kampfeinheiten nannte. Sie waren stets begleitet von den Frauen und Kindern der Soldaten und verschiedenen Dienstleistern, wie Schmieden. Insgesamt war ein solcher „Draco" so etwas wie ein Kleinstamm von etwa 2000 Menschen, der sowohl im Frieden von seinen Herden leben konnte (u.a. durch Verkauf überschüssiger Tiere und tierischer Erzeugnisse), als auch im Krieg eine hoch gelobte Verstärkung des römischen Heeres war.

Diese sarmatischen Reiter galten als so zuverlässig, dass die römischen Militärbefehlshaber sie nicht mehr, wie noch vor 150 Jahren, an irgendeine ferne Grenze beorderten, (etwa nach Britannien an den dortigen Grenzwall, dafür gibt es ein historisches Beispiel), sondern sie an der Donau gegenüber den Herden anderer Gruppen ihrs eigenen Volkes ansiedelte.

Das alte Kastell, in das die Reiter einzogen, hatte möglicherweise fast 200 Jahre früher ein Truppenteil aus dem (gemanischen?) Stamm der Sugambrer im westlichen Sauerland und am unteren Rhein angelegt, der damals im Römerheer Dienst tat. So könnte es sein, dass der Name „Sicambrier", den sich später die sarmatische Panzerreiter zulegten, von diesem einst von Sugambrern aus dem heutigen Deutschland gegründeten Kastell herrührt. In den römischen Quellen wurde der Name des Stammes vom Rhein häufig auch Sicambrer geschrieben [16].

In die Zeit der Herrschaft des Kaisers Diokletian fielen auch die ersten größeren Verfolgungen von Christen seit vielen Jahrzehnten. Die „Sekte" der Christen hatte in den fast dreihundert Jahren ihres Bestehens sich durch das gesamte Römi-

---

[16] Die Frühgeschichte der sarmatischen Militäreinheit, aus der später die Vorfahren des „fränkischen" Königsgeschlechts der Merowinger entstanden, wird in dem Buch „Die Ahnen der Merowinger und ihr „fränkischer" König Chlodwig" Teil II. 3 „Sie bauten eine Stadt und nannten sie Sicambria" ausführlich beschrieben und mit vielen überzeugenden Indizien belegt.

sche Reich ausgedehnt, getragen durch das Wirken der Apostel und ihrer Nachfolger, der Bischöfe. Vor allem die Stadt Rom hatte schon eine große christliche Gemeinde, aber auch in zahlreichen Provinzen des Ostens konnte man viele Christen finden.

De neue strenge Haltung des Kaisers Diokletian (und vor allem seines „Caesars" im Osten, Galerius) gegen die Christen könnte mit einer neuen Einschätzung der Kaiserwürde zusammenhängen, die unter Diokletian aufkam. Der (oder die) Kaiser wurden nunmehr bereits zu Lebzeiten als gottgleich angesehen (bisher erst nach ihrem Tod). Das verknüpfte die Kaiser unmittelbar mit der römischen Staatsreligion. Denn zu den Pflichten eines römischen Bürgers gehörte es, diesen Göttern die nötige Ehrfurcht zu erweisen und ihnen Opfer darzubringen. Darüber hinaus war jedem Bürger gestattet, auch noch weitere heimische Götter anzubeten und Zeremonien zu ihrer Verehrung zu vollziehen Insofern war die römische Staatsmacht den vielen Religionen gegenüber durchaus tolerant, die inzwischen auf römischem Gebiet blühten.

Doch Christen (übrigens auch Juden) verweigerten konsequent Opfer für einen Gott, der nicht der i h r e (und einzige) war. Diese Tatsache war es, die die immer wieder aufflammenden Christenverfolgungen im frühen Römerreich auslöste. Zahlreiche Opfer, von der späteren christlichen Kirche als Märtyrer verehrt, waren die Folge.

Allerdings wurden diese Anordnungen des „Oberkaisers" Diokletian bezüglich der Christen nicht in allen Teilen seines Reiches in gleich strenger Weise befolgt. Der „Caesar" im Westreich, Constantius Chlorus, der in Augusta Treverorum (Trier) residierte, hatte offenbar inoffiziell die Wei-

sung an seine Provinzgouverneure und anderen Beamten aus-
gegeben, mit den Christen möglichst glimpflich zu verfahren .

Auch die Tötung einer ganzen Legion Soldaten, der angeblichen „thebaischen", in den Anfangsjahren des 4. Jahrhunderts
scheint eine nachträgliche Erfindung christlicher Bischöfe zu
sein, als sie knapp hundert Jahre später auch in den Provinzen
am Rhein legal amtieren durften und großen Einfluss hatten.
Die in mehreren Städten am Rhein verehrten Märtyrer (der
„heilige Gereon" und angeblich 300 Soldaten der Legion in
Köln, die Offiziere Cassius und Florentius in Bonn, der „heilige Georg" in Xanten) sind wohl nur Phantasieprodukte gewesen [17].

Ein Blick auf den viel größeren Teil Germaniens, das Gebiet zwischen Rhein und Weichsel, also die gesamte norddeut-
sche Tiefebene, und auch Mittel- und Süddeutschland, ist für
das 3. und 4. Jahrhundert n. Chr. praktisch nicht möglich. Keine einzige antike Textstelle berichtet aus dieser Zeit etwas von
den Menschen jenseits des Limes, wenigstens kein Text, der
aus jener Zeit bis heute überliefert ist. Es ist auch sehr wahrscheinlich, dass diese fernen Barbaren die damaligen Historiker überhaupt nicht interessierten. Und Berichte der römischen
Militärs, in denen vielleicht etwas darüber zu finden gewesen
wäre, haben grundsätzlich in keinem einzigen Fall die Zeit
überdauert.

Nur eines ist als sicher zu vermuten: In der „Gemania libera" jenseits des Limes muss es immer leerer geworden sein.

---

[17]   Hierzu und auch zu den Folgen der Wirtschaftsreformen Diokletians
siehe die wie ein Roman verfasste Episode „Das Reich ist wieder mäch-
tig" im Buch „Bevor es Deutschland gab", im Kapitel „Neue Stärke mit
eingebauten Fehlern" , S. 206 ff. sie dürfte aber die Wirklichkeit ziemlich
genau wiedergeben.

Die zahlreichen, letztlich vergeblichen Einfälle germanischer Gruppen nach Süden und Westen über den Limes hinweg in der zweiten Hälfte des 3. Jahrhunderts müssen die in der „Germania libera" verbliebene Bevölkerung ganz erheblich dezimiert haben. Hinzu kam der jetzt häufig zu verzeichnende Übertritt junger germanischer Krieger als Söldner in die römische Armee. Er entzog den verbleibenden Menschengruppen nicht nur jeweils einen Mann, sondern auch den möglichen Vater von Kindern. Vielleicht kamen manche dieser römischen Soldaten nach 20-jähriger Dienstzeit mit ihren römischen Auszeichnungen und manchem in der Fremde erworbenen wertvollen Gut wieder in die Heimat, um sich dort beerdigen zu lassen; man hat zahlreiche solcher Gräber römischer Veteranen im Germanengebiet gefunden. Aber dennoch muss man wohl annehmen, dass die Bevölkerungsdichte in jenen Zeiten noch unter die für die Epoche um die Zeitenwende angegebenen 2 – 4 Menschen pro Quadratkilometer gesunken war.

Diokletian war der einzige römische Kaiser, der aus eigenem Willen vor seinem Lebensende dem Thron entsagte und sich als „Pensionär" in einen heute noch zum Teil erhaltenen Palast in Split (Spalato) an der kroatischen Adriaküste zurückzog (305). Nach diesem freiwilligen Rücktritt Diokletians und seines Mit-Kaisers Maximian (nicht ganz so freiwillig) rückten die beiden bisherigen Caesaren Valerius und Constantius zu Kaisern auf und sollten ihrerseits die fähigsten Männer als Caesaren und präsumptive Nachfolger ernennen. Eine Erbfolge, wie bisher bei den meisten Kaisern üblich, war nicht vorgesehen. Doch schon 306, nach dem Tod des für Westrom zuständigen Kaisers Constantius Chlorus im heutigen York in Britannien, kam das System der Tetrarchie in Unordnung. Die Truppen in Britannien riefen nämlich den jungen Sohn des Verstorbenen, Constantinus, zum Kaiser aus. Er sollte später den Ehrennamen Konstantin der Große erhalten und das Römische Reich noch gründlicher umgestalten als Diokletian und seine Mitstreiter.

Die Thronwirren, die unmittelbar danach ausbrachen, haben für die Geschichte des heutigen Deutschland wenig Bedeutung, so dass sie hier übergangen werden können. Eine „Kaiserkonferenz" in Carnuntum (bei Wien) im Jahr 308 unter Vorsitz des „Ehren-Kaisers" Diokletian sollte die gegenseitigen Machtansprüche schlichten, blieb aber letztlich erfolglos. Einen Bürgerkrieg zwischen zwei Aspiranten auf die kaiserliche Macht gewann Konstantin im Jahr 312 mit der „Schlacht an der Milvischen Brücke" in der Nähe Roms, nachdem er das Zeichen des (christlichen) Kreuzes auf die Schilde seiner größtenteils heidnischen Soldaten hatte malen lassen.

Im Jahr 316 starb Diokletian, und im Jahr 324 hatte Konstantin endlich die Alleinherrschaft erreicht. Es gab auch danach noch jeweils zwei (manchmal auch wieder mehr) Kaiser, aber diese „Junior-Kaiser" (Caesaren) waren nunmehr Söhne oder sonst nahe Verwandte des „Haupt-Kaisers". Ab 324 hat Konstantin auch ständig in der Stadt Byzanz am Bosporus regiert, die bald den Namen „Konstantinopel" erhielt (heute Istanbul).

Unter Konstantin begann der tiefgreifende Wandel des römischen Kaiserreichs zum Christentum, obwohl er selbst erst auf dem Sterbebett (337) die Taufe empfing. Er empfand sich als der alleinige „Günstling und Beauftragter des Himmels", zuständig für Christen und Nicht-Christen. Die christliche Kirche wurde von ihm toleriert, aber auch beherrscht. Im Jahr 325 berief er das erste Staats-Konzil aller christlichen Bischöfe nach Nicäa (in Kleinasien, nahe Konstantinopel),

Dort gelang es durch Konstantins Machtspruch, einen erbitterten Streit zwischen christlichen Bischöfen zu entscheiden. Haupt-Wortführer waren der Bischof Athanasios von Alexandria, der die Wesenseinheit und Gleichheit von Gott, seinem Sohn Jesus und dem Heiligen Geist behauptete („Trinität"), und sein Gegenspieler Bischof Arius, der nur von einer „Ähnlichkeit" dieser „Wesen" sprach. Auf die Mehrheitsentscheidung dieses Konzils von Nicäa 335 geht das Glaubensbekenntnis praktisch aller heutigen christlichen Kirchen zurück. Seit damals wurde diese Mehrheits-Kirche „katholisch" (allumfassend) genannt. Einen Papst hatte sie noch nicht, Kaiser Konstantin hätte eine solche Instanz auch bestimmt nicht neben sich geduldet.

Doch die damals unterlegene Meinung, die der „Arianer", war mit der Entscheidung von Nicäa keineswegs aus der Welt. Sie sollte noch über zwei Jahrhunderte lang eine wichtige Rolle in ganz Europa und für das Römische Reich spielen und wird im Kapitel 6 noch von großer Bedeutung werden.

Achtzehn Jahre nach dem Tod Konstantins des Großen (337) hatten immer noch Kaiser aus dessen Nachkommenschaft die Macht im Römischen Reich, allerdings war die Lage infolge familien-interner Morde und Machtkämpfe ziemlich undurchsichtig. Im Jahr 355 ernannte Kaiser Constantius II. den Halbbruder seines Vetters, Julian, zum Caesar in Gallien. Ein Verwandter musste es ja sein.

Der junge Mann Julian war vermutlich nicht gerade begeistert über den in seiner Familie höchst gefährlichen Job, aber er erledigte ihn geschickt und mit beachtlichen Erfolgen. Er war kein überzeugter Christ (wie es sich jetzt für die Kaiserfamilie gehörte), sondern ein Anhänger der alten griechischen Philosophen. Er unterdrückte die Christen nicht gerade, aber er förderte die ja immer noch vorhandenen Anhänger der alten römischen Religion und vor allem der griechischen Philosophenschulen sehr. Das hat ihm später den abwertenden Beinamen „Apostata" (der Abtrünnige) beigetragen.

In seiner Diözese (Reichsteil) Gallien, zu der ja auch die Verteidigung des Rhein-Limes gehörte, war er zum erstenmal wieder seit Jahrzehnten ziemlich aktiv. In Köln, der „CCAA", gelang es ihm, den dortigen Usurpator Sylvanus zu entmachten, einem „Franken", wie es in den Quellen hieß. Es muss sich um einen römischen Offizier, aber eben „fränkischer" Herkunft, gehandelt haben, wie sie jetzt und auch noch viel später immer häufiger in Erscheinung traten. Diese Männer fühlten sich als „Römer" und wollten im „Reich" eine Rolle spielen; manche brachten es zu den höchsten Rängen, nur nicht zu dem eines Kaisers. Von anderen dieser Art muss weiter unten in diesem Buch noch berichtet werden.

In Köln traf Julian auf die mehr oder weniger einzige, aber sehr haltbare Hinterlassenschaft der Herrschaft Kaiser Konstantins des Großen in dieser Gegend. Das war eine feste Brücke, wohl mit steinernen Fundamenten, die Köln mit einem kleinen Kastell am östlichen Rheinufer verband. (heute Köln-Deutz). Konstantin hatte ihren Bau befohlen. Diese Brücke hat noch Jahrhunderte später die Überquerung des Rheins mit trockenen Füßen erlaubt.

Der Caesar Julian zog im Jahr 357 an den Rhein, wo er, wie erwähnt, Sylvanus ausschaltete. Im gleichen Jahr lieferte er den „Alemannen" beim heutigen Straßburg eine blutige Schlacht, und er zog mit seinen Truppen mehrfach über den Ober-Rhein, um die Alemannen „in ihrer Heimat" zu besiegen. Dabei hatte er auch gewisse Erfolge. Bei einem seiner Märsche ins Feindgebiet hinein erreichten seine Truppen die Ruinen eines einstigen römischen Limes-Kastells und feierten das als großen Sieg. Vorübergehend gelang es ihm auch, mit einer ganzen Anzahl von Alemannen-Stämmen einen (natürlich nur vorübergehenden) Frieden zu schließen [18].

Ganz im Norden seines Zuständigkeitsbereichs konnten seine „Ghost-Writer" einen weiteren Erfolg verbuchen: Julian schloss mit einem Germanenstamm der „Salier" einen Vertrag, der diesen verpflichtete, die freie Schifffahrt auf den Unterläufen von Rhein und Maas zu schützen. Zugleich gestattete der Kaiser diesen Leuten, sich in „Toxandrien" niederzulassen, wohin sie „frecherweise" gezogen waren. Dieses Toxandrien dürfte das heutige Nordbelgien/Südholland zwischen Antwerpen und Maastricht gewesen sein.

Mit den Saliern, die natürlich zu den Franken gerechnet wurden, begannen die großen Missverständnisse, die später, schon im Altertum, noch mehr aber im Mittelalter und in der Neuzeit, bezüglich der „Franken" auftauchten. Neben diese Salier in Nordseebereich stellte man die „Ripuarier" oder Rhein-Franken (im weiteren Bereich um Köln herum), die es aber vermutlich als eigenen Stamm oder enger zusammen gehörige Gruppe nie gegeben hat. So hatten die „Franken", die man sich vor allem im 19. Jahrhundert als Vorläufer der Deutschen „erdacht" hat, nun auch schöne Unterstämme, so wie es vor der Reichsgründung 1871 innerhalb der „Deutschen" die Preußen, die Sachsen, die Bayern oder die Lipper gab.

Im Jahr 360 passierte dem erfolgreichen Caesar Julian in Lutetia (Paris) etwas, was er eigentlich gar nicht wollte: seine Truppen riefen ihn eigenmächtig zum Kaiser aus, durch die

---

[18]   Diese Situation beschreibt plastisch die romanhaft geschriebene Episode „Das Festmahl König Hortars" im Buch „Bevor es Deutschland gab", Kapitel 15: Um die Rheinfront, S. 220 ff. mit vielen Belegen.

sogenannte „Schilderhebung" ganz nach germanischem Brauch; man sieht daran, wie stark die römische Armee damals schon aus germanischen Söldnern bestand. Der eigentliche Kaiser Constantius II. hatte sie nämlich zum Abmarsch nach Kleinasien befohlen, wo das Reich in Abwehrkämpfen gegen die Perser stand. Dagegen rebellierten die seit Generationen in Gallien stationierten Soldaten und zwangen ihren beliebten Befehlshaber Julian, diesen Befehl rückgängig zu machen.

Das war Rebellion gegen den Kaiser und konnte nur dadurch behoben werden, dass der „Rebell" sich selbst zum Kaiser ausrufen ließ. Doch das hatte wiederum zur unausweichlichen Folge, dass die Truppen des neuen Kaisers gegen die des alten marschieren mussten, der sich ja seinen Thron nicht so ohne weiteres streitig machen lassen wollte. Wie Julian dieses Dilemma gelöst hat, ist im Einzelnen nicht überliefert, obwohl es aus seiner Lebenszeit wieder recht viele historische Quellen gibt.

Der neue Kaiser Julian musste jedenfalls mit seinen Truppen den weiten Weg an der Donau entlang bis nach Kleinasen ziehen, wo der „alte" Kaiser Constantius s e i n e Truppen gegen die Perser gesammelt hatte. Doch unterwegs erreichte Julian die Nachricht, dass sein nunmehriger Gegner Constantius gestorben war (361). Ganz unerwartet fiel nun Julian die Kaiserwürde ohne Kampf zu, und zwar im Gesamtreich, weil es im Osten keinen Kaiser gab.

In der kurzen Zeit seiner alleinigen Kaiser-Herrschaft gab sich Julian Mühe, viele der Übertreibungen zugunsten der Christen (wie er sie sah) auszugleichen. Er begünstigte den „hellenischen" Glauben und versuchte, ihn zu stärken. Vor allem aber übernahm er von seinem Vorgänger die Pflicht, gegen die Feinde im Südosten, die Perser, zu kämpfen.

So brach er im Frühjahr 363 von Konstantinopel mit einem Heer zu einem Feldzug auf, quer durch die heutige Türkei und Nordsyrien bis in den (heutigen) Irak, wo der Gegner stand. Die Kämpfe dort verliefen allerdings mehr oder weniger erfolglos, und Julian musste sich zum Rückzug entschließen.

Auf diesem Rückzug „traf ihn ein Speer – man weiß nicht, ob von einem Perser oder von einem christlichen römischen Soldaten", so heißt es in einem zeitgenössischen Bericht. Julian starb im Juni 363. Noch an Ort und Stelle erhoben die römischen Soldaten einen Offizier namens Jovianus zum Kaiser. Doch auch der starb schon ein Jahr später, 364.

Das Offizierkorps des römischen Heeres, inzwischen längst geübt in der Erhebung von neuen Kaisern auf den Thron, rief nun den Militärtribunen Valentinian zum neuen Kaiser aus. Der ernannte sofort seinen Bruder Valens zum neuen Kaiser des Ostens; erst seitdem war das Römische Reich wirklich in West- und Ost-Rom getrennt.

In den elf Jahren seiner Herrschaft residierte Valentinian meist in Trier (Augusta Treverorum), um der Front gegen die Germanen nahe zu sein. In dieser Zeit kämpfte er auch oft, und meist wohl einigermaßen erfolgreich, gegen die Alemannen, Franken, Sachsen und Sarmaten.

Doch hat er offenbar auch gerne sarmatische Panzerreiter, die als Söldner für Rom kämpfen wollten, akzeptiert und eingesetzt. Auf ihn geht die Ansiedlung eines „Draco" in einem Kastell im Hunsrück bei Sohren (zwischen Kirchberg und Bernkastel-Kues) zurück. Die geschätzten Reiter sollten den wichtigen Weg zwischen Koblenz und Trier sichern. Vermutlich gehörten diesem Reiterregiment Soldaten sarmatischer wie alanischer Abstammung an. Die Alanen waren eigentlich einmal ein Stamm der Sarmaten gewesen, hatten sich aber im Laufe der Zeit zu einem eigenen Volk entwickelt.

Diese sarmatischen Söldner waren für die römischen Befehlshaber höchst zuverlässig. Die Gegner, gegen die man sie stellte, wurden mit aller Härte bekämpft, gleichgültig um wen es sch handelte. Das zeigte sich fasst zu gleicher Zeit an einer ganz anderen Ecke des Reichs, nämlich an der mittleren Donau beim heutigen Budapest.

Der dort im Kastell Sicmbria schon seit Generationen stationierte Draco erhielt vom Kaiser Valentinian den Auftrag, eine große Gruppe Alanen zu vernichten, die vorher im römischen Pannonien geraubt und gemordet hatte. Anderen römischen Truppen waren sie entkommen und hatten sich in Sümpfen versteckt (die gibt es noch heute südlich von Budapest auf der östlichen Donauseite). Doch den sicambrischen Panzerreitern gelang es, die „bösen Alanen" aufzustöbern und zu vernichten. Kaiser Valentinian, der damals selbst an der Donaufront die Römertruppen befehligte, sprach ihnen ein hohes Lob aus und versprach ihnen für zehn Jahre Steuerbefreiung. Das muss schon im Jahr 364, dem ersten Regierungsjahr des neuen Kaisers, geschehen sein.

Zehn Jahre lang genossen die sarmatischen Sicambrier das Privileg, keine Steuern zahlen zu müssen. Doch als nach dieser Zeit ein römischer Steuereinnehmer wieder zu ihnen kam und Geld eintreiben wollte, verstanden sie das nicht. Bei dem daraus entstandenen Gerangel kam der Steuereinnehmer um. Die übliche Folge für die „Steuerverweigerer" war eine militärische Strafexpedition mit neuen Toten, diesmal auf beiden Seiten. Als den Sicambriern zu Ohren kam, dass nunmehr eine ganz große Truppenmacht gegen sie unterwegs war, fasste ihr Befehlshaber den weisen Beschluss, jetzt lieber zu fliehen als sich mit dem gesammelten römischen Heer einzulassen. Zum Entsetzen der modernen Historiker, die diesen Text lasen, führte er auch noch den Namen des aus der Ilias des Homer bekannten Königs der Trojaner, Priamus.

Diese schöne Geschichte steht fast wörtlich so wie hier erzählt, in einem um das Jahr 715 n. Chr. zu Pergament gebrachten Buch „Liber historiae Francorum". Doch hat die gesamte Geschichtswissenschaft bis heute nie irgendwelche Schlüsse daraus gezogen. Da die „Franken" nach der unerschütterlichen Überzeugung aller Geschichtswissenschaftler bis heute ja ausschließlich G e r m a n e n sein mussten und nur aus Nordwestdeutschland kommen durften, konnte die hieraus zu entnehmende Herkunft aus dem fernen Pannonien ja nur eine „muntere Lüge" sein [19].

Noch aus früheren Zeiten, als diese Teilgruppe des sarmatischen Roxolanen-Stammes noch ihr Vieh in den Steppen Ungarn weiden ließ, wusste jeder, wie auch eine große Menschengruppen samt Vieh einen großen Fluss überqueren konnte. Ein schneller Übertritt über die Donau und ein rascher Marsch nach Norden, am Ostufer dieses Flusses entlang, brachte die Flüchtlinge sehr schnell aus der normalen Reichweite des römischen Heeres. An der March (in der heutigen Slowakei) und an der oberen Elbe (im heutigen Tschechien) entlang, zogen die Sicambrier nach Nordwesten, bis ins heutige Thüringen. Unterwegs zahlten sie wohl den dort herrschenden Germanenstämmen eine Art Durchzugs-Zoll in Form eini-

---

[19] Mit dieser ständigen Fehlinterpretation eines immerhin ziemlich alten Textes setzt sich das Buch „Die Ahnen der Merowinger und ihr ‚fränkischer' König Chlodwig" im Teil II: Blicke „hinter den Schleier" (S. 75 ff.) ausführlich auseinander und macht die hier vertretene Darstellung mit zahlreichen Belegen plausibel.

ger ihrer Tiere. Hier in Thüringen waren sie sicher vor irgendwelchen Versuchen der Römer, sie doch noch zu erwischen.

Diese Geschichte, im ständigen Kriegsgeschehen zwischen Römern und ihren Nachbarn an der 4000 Kilometer langen Donau-Grenze eine eigentlich völlig unbeachtliche Kleinigkeit, musste in diesem Buch erzählt werden, weil sie die Verbindung herstellt zwischen dem sarmatischen Draco im pannonischen Kastell Sicambria und den späteren Merowinger-Königen in Nord-Gallien, und auch die Verbindung zwischen Altertum und Mittealter in Europa.

Die Flucht der Sicambrier dürfte sich im Sommer des Jahres 375 ereignet haben. Im gleichen Jahr – vielleicht schon vorher – war Kaiser Valentinian an der Donaufront an einer Krankheit gestorben. Und im Winter des gleichen Jahres überschritt, wiederum Tausende von Kilometern entfernt, ein fremdes Reiter-Volk aus den unendlichen Weiten Süd-Sibiriens, den zugefrorenen Unterlauf des Don: die Hunnen.

Kapitel 4

Den Osten bedrohen die Hunnen, im Westen herrscht Angst und Chaos

376 – 455 n. Chr.

Mit dem Schicksalsjahr 376 trat plötzlich ein Volk in den Gesichtskreis Europas, an das man sich bis heute erinnert, obwohl es nur ein Dreivierteljahrhundert seinen Schrecken verbreiten konnte, und auch das im Wesentlichen nur im Osten unseres Kontinents. Das waren die Hunnen.

Dieses Volk kam aus den unendlichen Weiten Innersibiriens (heute Kasachstan), Seine genetische Abstammung und seine Sprache sind bis heute nahezu unbekannt. Selbst der bekannteste Name, der des Königs Attila, ist kein hunnisches Wort, sondern stammt aus dem (Alt-)Germanischen = Gotischen. Es bedeutet „Väterchen". Wahrscheinlich haben sich aus den in der sibirischen Heimat verbliebenen Hunnen später die Türken, die Awaren und die Mongolen entwickelt, mit ziemlich verschiedenen Sprachen.

Aber all diesen Völkern war in ihrer Anfangszeit im Mittelalter eines gemeinsam: Ihre Männer konnten sich kein schöneres Leben vorstellen, als auf Pferden zu sitzen, mit ihnen über die weiten Ebenen zu preschen und Nachbarvölker zu überfallen, auszurauben und zu unterwerfen. Es gehörte offenbar zum unvermeidlichen Lebensziel der frühen Häuptlinge in allen diesen Völkern, sich mit Gewalt zu Herrschern möglichst aller Nachbarn zu machen. Zu ihren Kampfmethoden gehörte auch, schon im Vorfeld echter Überfälle durch „Propaganda" so viel

Angst und Schrecken zu verbreiten, dass die Nachbarn sich möglichst lieber gleich ergaben als erst durch Raub, Brandstiftung und blutige Morde dazu gezwungen zu werden.

Auf einem langen Weg von Ost nach West hatten diese Hunnen sich quer durch Süd-Sibirien bewegt und waren im Winter des Jahres 375 wohl am Ostufer des unteren Don (heute östliche Ukraine) angekommen. Mit dem Überschreiten dieses Flusses betraten sie erstmalig die Region, in der sich inzwischen zahlreiche Stämme mit g e r m a n i s c h e r Sprache niedergelassen hatten.

In den Jahrhunderten seit der Zeitenwende hatten, wie in den vorigen Kapiteln schon kurz beschrieben, eine ganze Reihe von Stämmen, deren Vorväter einmal aus Skandinavien gekommen waren, eine neue Heimat im Nordteil der Balkanhalbinsel gefunden. also nördlich der Donau (im heutigen Rumänien) sowie in der östlich angrenzen Ukraine.

Das waren keineswegs nur die Goten, die allerdings wohl stets als Erste nach Süden gezogen waren. Diese Goten hatten sich unterwegs, an einem Übergang über einen großen Fluss, geteilt: Eine größere Gruppe hatte den Fluss überquert, eine andere war am Westufer zurückgeblieben. So erklärte später der Goten-Historiker Jordanes die Existenz zweier Völker, der Ost- und der West-Goten, die dann in der sogennnten „Völkerwanderungszeit" sehr verschiedene historische Schicksale haben sollten. Von ihnen wird später noch oft die Rede sein. Jetzt, als die Hunnen den Don überquerten, waren die Ost-Goten in der Ost-Ukraine ansässig, die West-Goten im nördlichen Rumänien.

Doch außer diesen Goten gab es in Südost-Europa, vor allem im heutigen Ungarn, der Slowakei und Nord-Rumänien noch verschiedene andere Germanengruppen, die hier bloß aufgezählt werden sollen: die Markomannen, die Quaden, die Langobarden, die Rugier, die Heruler, die Skiren, Gepiden und Sueben, vielleicht auch noch einige mehr.

Und zwischen ihnen und offenbar in guter Nachbarschaft gab es auch noch S a r m a t e n . Hier ist es an der Zeit, ein wenig zu diesem Volk zu erklären, das ja schon mehrfach erwähnt wurde und später in diesem Buch noch eine so wichtige Rolle spielen wird [20] .

Auch von diesem Volk, das nie schreiben gelernt hat, weiß man nur wenig über die Sprache. Dennoch ist sicher, dass sie mit der der alten Perser verwandt war, und diese wiederum mit der der „Inder", jedenfalls mit der Sprache der Menschen, die mehr als 1000 Jahre vor der Zeitwende von Südsibirien über Afghanistan nach Nordindien einfielen und die dortigen Einwohner unterwarfen. Sarmatisch, Alt-Indisch und Alt-Persisch gehörten alle zum sogenannten „Arischen", einem wichtigen Ast der frühen indoeuropäischen Sprachen. In ihrer eigenen Sprache bedeutete „Arier": „die Reinen", eine durchaus bezeichnende Selbstbenennung. Denn die oberste „Kaste" aller dieser Völker hielt sich sorgfältig von jeder genetischen Vermischung mit Menschen untergeordneten Ranges fern.

Dass später die Nazis in Deutschland den Namen dieser S p r a c h gruppe zur Kennzeichnung der Menschen machen sollten, die allein als „Deutsche" zählen durften („Arier") – dafür können die alten Perser und Sarmaten nichts. Denn gerade bei den Sarmaten war es so, dass sich zwar Angehörige der Adelsklasse nicht mit anderen aus ihrem Volk mischen durften,

---

[20]   Ausführlich geschieht dies in dem Buch „Sarmaten. Unbekannte Väter Europas" Norderstedt 2016. Hier werden die vielen Belege zusammengetragen, die man bei der Suche in verschiedenen Wissenschaften für dieses nur theoretisch unbekannte Volk finden kann.

dass aber eine sehr enges, auch religiös bedingtes Zusammengehörigkeitsgefühl zwischen den Adligen und den ihrer Fürsorge anvertrauten Untergebenen herrschte. „Adel verpflichtet": dieser uralte Spruch könnte von den Sarmaten stammen.

Die frühen Sarmaten hatten, aus Süd-Sibirien nach Westen drängend, die ihnen genetisch, sprachlich und kulturell sehr nahe verwandten Skythen in der südlichen Ukraine und Krim bekämpft und schließlich „überschichtet". In der Römerzeit galt Osteuropa den römischen Geographen als „Sarmatia", genau das gleiche Gebiet, das vorher den Griechen als „Skythia" bekannt geworden war.

In den ersten Jahrhunderten nach Christus lieferten sich die verschiedenen Stämme der Sarmaten Kämpfe mit den Römern an der Donaufront, sie wurden schon erwähnt. Denn dieses Reitervolk hatte sich allmählich immer weiter nach Westen verlagert, vor allem die Puszta im heutigen Ungarn wurde zum Weidegebiet ihrer umfangreichen Kuh-, Schaf- und Pferdeherden. Auch die Sarmaten waren ein Reitervolk wie die Hunnen, aber in ihrem Auftreten völlig anders. Das ist wohl auch der Grund, warum man sie so völlig vergessen hat, während man sich an die Schrecken erregenden Hunnen noch heute erinnert.

Die Stämme dieses Volkes haben sich möglicherweise in der Frühzeit auch gegenseitig bekämpft. Später, zur „Hunnenzeit". waren sie wohl vorrangig eine Art von „Kultverbänden", die sich in einigen Gebräuchen, aber nicht grundsätzlich unterschieden. Namen wichtiger Stämme sind: die Jazygen, die Roxolanen, die Aorsen und die Turkerer. Auch die Alanen waren einst ein Stamm der Sarmaten gewesen, hatten sich aber schon länger davon getrennt und empfanden sich nun als eigenes Volk.

Ein Unterscheidungsmerkmal dieser Stämme (damals und auch für heutige Forscher) scheinen die Farben der bunten Mäntel gewesen zu sein, die die Adligen dieser Stämme im Kampf als Reiter über ihren eisernen Rüstungen trugen und die als eine Art Fahne dienten. Viel später sind dann diese Muster in die Wappen übergegangen, die im Mittelalter jeder Ritter auf seinem Schild mit sich trug. Davon wird später noch mehrfach zu berichten sen.

In das offenbar relativ friedliche Nebeneinander germanischer Bauern (mit adligen Anführern) und sarmatischer Viehhirten (ebenfalls mit adligen Anführern) in den Gegenden nördlich und westlich des Schwarzen Meeres platzten im Jahr 376 n. Chr. plötzlich die Hunnen. Auf Grund der ihnen lange und weit vorauseilenden Gerüchte waren sie für die Menschen dort eine Verkörperung des Schreckens.

Als erstes Volk stellten sich ihnen die Ost-Goten entgegen. In einer mörderischen Schlacht unterlagen sie den hunnischen Bogenschützen auf ihren schnellen Pferden, der ostgotische König Ermanerich fiel dabei. Die Ost-Goten, die übrig geblieben waren, mussten sich der Herrschaft der Hunnen unterwerfen, ihnen Tribute zahlen (im Wesentlichen in Form von Lebensmitteln) und vor allem Krieger für weitere Kriege der Hunnen gegen Nachbarn stellen.

Dicsem Schicksal wollten die West-Goten entgehen, die im heutigen Rumänien lebten. Sie baten den oströmischen Kaiser Valens, die Donau nach Süden überschreiten zu dürfen und damit ins (Ost-)Römische Reich einzuwandern. Kaiser Valens gestattete das, vielleicht, weil er hoffte, in diesem Germanenstamm eine Verstärkung in den vorhersehbaren Kämpfen gegen die Hunnen zu gewinnen. Doch sehr bald kam es zu Streit zwischen Westgoten und den Römern. Schon im Jahr 378 kämpften beide Heere gegeneinander (bei Adrianopel, dem heutigen Edirne im europäischen Teil der Türkei). Kaiser Valens verlor dabei sein Leben. Die Westgoten zogen danach lange Zeit plündernd durch Griechenland und den Südteil der Balkanhalbinsel, der ja eigentlich römisches Gebiet war, ohne dass die oströmischen Kaiser das verhindern konnten.

N ö r d l i c h der Donau fiel das Land wahrscheinlich rasch den Hunnen in die Hände; die dort lebenden Germanenstämme und auch die Sarmaten wurden mehr oder weniger willenlose Vasallen der Hunnen. Eigene Kriegszüge nach Konstantinopel oder sonst ins oströmische Gebiet hatten die Hunnen überhupt nicht nötig. Schon die Drohung damit wirkte wunderbar: Ostrom schickte ihnen seitdem nahezu jedes Jahr Gesandtschaften mit „Jahresgeldern", goldenen Münzen und anderen Kostbarkeiten, nach denen die Hunnen-Häuptlinge oder Könige und die anderen Adligen dieses Volks gierten.

Das bisher Erzählte reicht eigentlich fast als Kurzinformation über das Dreiviertel-Jahrhundert, in dem die Hunnen die Kaiser in O s t –Rom bedrohten. Viel mehr passierte dort nicht.

Ganz anders verlief diese recht kurze Zeit im w e s t römischen Reich, obwohl die gefährlichen Hunnen auch hierhin nur kurz und eigentlich erst ganz zum Ende der „Hunnen-Epoche" kamen. Mit dem Jahr 376 lässt die herkömmliche Geschichtswissenschaft die „Völkerwanderung" beginnen, Das Wort sagt normalen Menschen, die nicht Geschichte studiert oder intensiv darüber gelesen haben: Jetzt (und erst ab jetzt) fingen „Völker" an zu wandern.

Dass dies nicht stimmen kann, sollte ein Leser, der dieses Buch bisher aufmerksam zur Kenntnis genommen hat, eigentlich wissen. Ständig, seit es größere Zahlen von Menschen der Gattung Homo sapiens gibt, kamen Wanderungen von kleinen und großen Gruppen davon auch über große Entfernungen vor, und ständig mischten sich auch die Einwanderer mit den „Alt-Angesessenen".

Richtig ist, dass mit dem Hunnen-Einfall nach Ost-Europa vor allem Menschengruppen mit g e r m a n i s c h e n Sprachen in Bewegung gerieten, die längere Zeit davor in die Weiten Südosteuropas gezogen waren: Viele davon, denen das noch möglich war, flüchteten nach Westen und Süden, ins Römerreich. Das Gebiet des heutigen Deutschland wurde höchstens kurzzeitig durchzogen.

Spätere „Völkerwanderungen" mit anderen Sprachen und Kulturen werden in diesem Buch noch beschrieben werden müssen, so dass hier – für die „Hunnenzeit" und ein Jahrhundert danach – besser die Bezeichnung „Germanische Völkerwanderung" passt.

Auch im W e s t römischen Reich wuchs die Unruhe und das Gefühl der Bedrohung durch die Hunnen, die von den christlichen Geistlichen als die „Geißel Gottes", also als „Werkzeug Gottes zur Bestrafung der sündigen Menschen", gemalt wurden.

Die Unruhe im westlichen Teil des Römischen Reiches fing an in Britannien, wo im Jahr 384 ein General namens Maximus gegen seine Vorgesetzten putschte und mit vielen seiner römischen Truppen nach Gallien übersetzte und zunächst weiter siegreich bis nach Norditalien, ja bis nach Griechenland vorrückte. Seitdem war die Insel Britannien (oder vielmehr ihr römisch beherrschter Südteil) praktisch ohne römische Soldaten. Erst im Jahr 388 gelang es, diesen Maximus zu besiegen.

In den Jahren danach (388 – 393) versuchten die Römer noch einmal, am Niederrhein die „frechen Franken" zu „züchtigen", die so häufig den nassen Limes überschritten und plündernd und brandschatzend die Gutshöfe und Kleinstädte auf der römischen Seite überfielen. Römische Geschichtsschreiber vermerkten, dass sich dabei auf „fränkischer" Seite einige Kleinkönige (Reguli) hervortaten; ihre Namen wurden mit Marcomir, Genebaud und Sunno angegeben. Besonders erfolgreich dürften die römischen Vorstöße auf die Ostseite des Rheins nicht gewesen sein, wenn man die damals bei Historikern üblichen Lobeshymnen auf die „römischen Sieger" auf ein Normalmaß zurechtstutzt.

Im weströmischen Reich hatte sich der Hof des Kaisers Honorius (* 384) längst nach Ravenna geflüchtet, einem Städtchen und Hafen am Nordende des Adriatischen Meeres, das auf Landseite von Sümpfen umgeben und daher ziemlich unangreifbar war. Herrschen tat dieser Kinder-Kaiser natürlich nicht, das tat für ihn sein „Heermeister" Stilicho, der aus dem germanischen Volk der Wandalen stammte, aber sich ausschließlich als R ö m e r fühlte. Für viele Jahre hatte er die Macht im weströmischen Reich übernommen.

Italien wurde inzwischen durch die W e s t goten bedroht, die seit ihrem Sieg über O s t rom (378) auf der Balkanhalbinsel hin und her gezogen waren, ohne Widerstand zu finden, aber sich dort auch nicht wieder ansiedeln wollten. Jetzt zog das westgotische H e e r (stets mit Frauen, Kindern und Gesinde; das waren in Wahrheit die angeblich wandernden „Völker" zu dieser Zeit) südlich der Alpen von Osten her nach I t a l i e n ein.

In Sorge um die Sicherheit Ravennas und auch das Kernland des Römischen Reiches befahl der Heermeister Stilicho im Jahr 398 allen römischen Kampftruppen im ganzen Norden und Westen s e i n e s Reiches, also in Britannien, Gallien und Hispanien, sofort nach Italien marschieren, um dieses Gebiet zu verteidigen. Seitdem gab es im größten Teil des weströmischen Reiches keine nennenswerten Truppen mehr, auch nicht am Limes am Rhein und an der oberen Donau.

Geholfen hat diese Truppen-Konzentration dem weströmischen Machthaber nichts: die Westgoten zogen ungehindert quer durch Italien bis ganz in den Süden des „Stiefels" und dann wieder zurück. Auf dem Hinweg hatten sie die Nähe Roms vermieden, auf dem Rückweg, im Jahr 410, plünderten sie gewissermaßen im Vorbeigehen die völlig unverteidigte Stadt. Das geschah zum ersten Mal in ihrer glorreichen Geschichte seit 387 v. Chr., als damals vorübergehend ein Haufen kriegerischer Gallier (Kelten) Rom erobert hatte („dies ater" – „schwarzer Tag").

Die Westgoten zogen ungehindert weiter, nunmehr nach Norden. Bald setzten sie sich an der Mittelmeerküste und überhaupt im Südwesten des heutigen Frankreich fest, auch Teile des angrenzen Spaniens gehörten lange zu ihrem Herrschaftsgebiet. Das sei nur kurz erwähnt, obwohl sich alle diese Vorgänge ja überhaupt nicht im heutigen Deutschland abspielten, wovon dieses Buch ja eigentlich nur erzählen will.

Die Kampftruppen Roms aus Gallien und auch aus den germanischen Provinzen waren zwar seit 398 weg, nicht aber die für die Verteidigung der Grenze zuständigen Militärkommandeure. Diese suchten jetzt verzweifelt nach irgendwelchen Hilfstruppen, die gegen guten Sold bereit waren, an der Grenze Wacht zu halten, gleichgültig, woher sie kamen. Das ist wichtig zu wissen, um einige der gleich zu erzählenden Ereignisse zu verstehen.

In den Jahren um 405 scheinen sich mehrere große Gruppen von germanischen, aber auch anderen Völkern im südöstlichen

Europa abgesprochen zu haben, endlich aus der so gefährlichen Nachbarschaft der Hunnen wegzuziehen. Sie waren wohl noch nicht den Hunnen unterworfen, wussten aber, was ihnen blühen würde, wenn die Reiter aus Innerasien einmal auch bei ihnen vor der Tür stehen würden.

So muss wohl während dieses Jahres ein langer, langer Zug von Wagen, Reitern und Fußgängern, Männern, Frauen, Kindern, Vieh aller Art, auf der uralten Völkerstraße entlang des (nördlichen) Donau-Ufers nach Westen gezogen sein. Den Berichten römischer Quellen zufolge handelte es sich dabei um Wandalen, Alanen, Sueben, aber auch Sarmaten und wahrscheinlich kleinere Kontingente anderer germanischer Stämme.

Etwa ab Donauwörth ließen die Höhen beiderseits des Flusses nicht mehr genug Platz für eine große Straße, aber man konnte von da aus mit einem Schlenker nach Norden und Westen, vielleicht am Neckar entlang, weiter dem Rhein entgegen ziehen. Bei Mainz traf der Völkerzug dann auf den Rhein und auf römische Wachen, die natürlich nur als „Franken" bekannt waren.

Der Rhein war, wie wohl in jenem Jahrhundert üblich, im tiefen Winter zugefroren. Der Völkerzug kam angeblich in der Sylvesternacht dort an und überschritt den Rhein, die schwache Verteidigung durch „Franken" konnte ausgeschaltet werden. Sicherlich wussten die Anführer des Zuges, dass hinter der Grenze keine römischen Truppen mehr sich in ihnen in den Weg stellen könnten, sie waren ja schon Jahre früher von Stilicho abgezogen worden.

Nach einem schnellen Plünderungszug durch die römische Provinzhauptstadt Moguntiacum machte sich der Haufen auf, immer nach Westen, quer durch Gallien und immer weiter. Bald waren die wichtigsten Völker, nämlich Wandalen, Alanen und Sueben, schon im heutigen Süd-Spanien angekommen; die dortige Landschaft (W)Andalusien hat davon ihren Namen bekommen.

Hier kann nur kurz berichtet werden, was diese Völker weiter taten: sie zogen bis in die Südwestecke der Halbinsel. Dort trennten sie sich. Die Sueben setzten sich im Norden des heutigen Portugal und Nordwest-Spanien (Galicien) fest und gründeten für ein Jahrhundert ein eigenes Königreich. Die Wandalen und die mit ihnen verbündeten Alanen (in Wahrheit nur ein Bruchteil des einstigen Sarmaten-Volkes) setzten bei Gibraltar über die Meerenge und wanderten nun an der afrikanischen Mitteleerküste wieder nach Osten, bis sie das heutige Tunesien erreichten, damals eine Kornkammer für das Römische Reich. Das Reich der Wandalen in Afrika hielt 150 Jahre. Mit d e u t s c h e r Geschichte hat das alles nichts zu tun, trotzdem haben frühere deutsche Historiker so getan, weil es sich um G e r m a n e n handelte !

Die bisher erwähnten Vorgänge sind der Geschichtswissenschaft seit dem Altertum bekannt, da es darüber schriftliche Berichte gibt. Das, was auf den nächsten Seiten erzählt werden muss, weil es sich im gleichen Zeitraum in D e u t s c h l a n d abgespielt hat, ist erst seit wenigen Jahren durch intensive Detail-Ermittlungen von Privatforschern ans Licht gebracht worden. Es deckt gewiss nicht alles ab, was in der „Hunnen-Zeit" hier passierte, aber es ist wichtig zum Verständnis späterer Ereignisse.

Zwei Vorgänge hatten wohl mit dem eben erwähnten großen Zug von Völkern aus Osteuropa über den Rhein zu tun, aber sie nahmen einen anderen Verlauf.

Zusammen mit den Wandalen und anderen zog auch eine größere Gruppe von Sarmaten. Das wird sogar in einer antiken

Quelle genannt, aber ziemlich versteckt. Es ist zu vermuten, dass diese Weidehirten mit ihrem vielen Vieh, das sie immer mit sich führten, unterwegs ganz am Ende des langen Zuges gelandet waren und Tage, wenn nicht Wochen nach dem gewaltsamen Übergang ihrer Verbündeten über den Rhein bei Mainz und baldigem Weiterzug angekommen waren.

Dort dürften die Sarmaten beschlossen haben, nicht weiter zu wandern, sondern hier mit ihren Leuten und ihrem Vieh zu bleiben. Römisches Militär gab es weit und breit nicht, die Gegend war einladend, und von den gefürchteten Hunnen waren sie jetzt gewiss weit genug entfernt. Jedenfalls haben sich Sarmaten in einem Umkreis von 60 – 80 Kilometer rund um das antike Mainz niedergelassen, so weit man von Hirten, die ihr Vieh immer wieder mal auf eine andere Weide führen müssen, davon reden kann.

Belege dafür findet man in zahlreichen „Pferdegräbern" in diesem Umkreis sowie in Wappen der mittelalterliche Grafschaft Sponheim im Hunsrück sowie heutiger Gemeinden [21]. Wenn hohe sarmatische Adlige beerdigt wurden, opferten ihnen ihre Angehörigen ein Pferd, fast immer Hengste oder Wallache. Diese wurden dann in der Nähe ihres einstigen Reiters begraben. Archäologen haben hunderte solcher Gräber in verschiedenen Gegenden Deutschlands entdeckt, konnten den Brauch aber nicht erklären. Doch nur Sarmaten haben ihn als Reitervolk angewendet. Und die drei Reihen rot-weißer Schach-Würfel in manchen Wappen der Gegend sind die bis

---

[21] In romanhaft beschriebener Form, dann aber auch ausführlich mit vielen Belegen und Karten begründet wird die Niederlassung von Sarmaten rund um Mainz im Buch „Deutschlands unbekannte Jahrhunderte", Beltheim-Schnellbach 2013, Kapitel 1: Die Nachhut der Völkerwanderung, S. 7 ff. .

heute in gewandelter Form bewahrten Muster der Mäntel der Adligen des Sarmatenstammes der Jazygen.

Wohl nicht auf dem gleichen Weg wie die großen Züge der Wandalen und ihrer Begleiter, aber zur gleichen Zeit, aus den gleichen Gründen und in die gleiche Richtung wanderten auch die Burgunder. Sie hatten auf ihren langen Weg von der Ostsee her inzwischen Mitteldeutschland (Nordhessen) erreicht. Ein Teil von ihnen – nicht das gesamte Volk ! – zog von dort aus auf den Rhein bei Köln zu und konnte ihn auch ungehindert überschreiten. In der fruchtbaren Jülicher Börde, etwa 40 Kilometer westlich von Köln und 20 Kilometer südlich der heutigen Stadt Mönchengladbach, fanden sie eine Bleibe und auch einen wohlwollenden römischen Provinzgouverneur, da sie sich verpflichteten. mit ihren Kriegern notfalls gegen feindliche Eindringlinge zu kämpfen. Platz genug war inzwischen geworden, wo diese Burgunder siedeln wollten, denn fast alle römischen Gutsbesitzer waren von dort geflüchtet und hatten nur noch einige ziemlich hilflose Kolonen zurückgelassen.

Diese zeitweise Ansiedlung von Burgundern bei K ö l n und nicht bei Worms, wie es das Nibelungenlied suggeriert, wurde durch intensive Untersuchungen verschiedener Privatforscher im Jahr 2007 ans Licht gebracht [22] . Sie konnten noch mehr Erstaunliches feststellen: Die Krieger dieser Burgunder, aber auch von Alanen und anderer zeitgenössischer Völker waren es auch, die im Jahr 411 genau dort einen Gegenkaiser gegen den ins Städtchen Ravenna an der Adria geflüchteten offiziellen Kaiser Honorius „aufs Schild hoben" Einen „Schildhügel". findet man heute noch auf Katasterkarten dicht

---

[22] Thidrekssaga-Forum e.V. (Hrsg.), Das Rätsel von Mündt (Mundiacum) und St. Irmundus – Burgunder und Nibelungen in der Jülicher Börde ? (Band 4 der Reihe Forschungen zur Thidrekssaga), Norderstedt 2007 .

bei dem geheimnisvollen Weiler Mündt bei Titz, dicht südlich des riesigen Loches, den heute der Braunkohlen-Tagebau Hambach in die Landschaft gegraben hat.

Der Provinzgouverneur Jovinus in Köln war kein „alter Römer" mehr, sondern entstammte dem reich gewordenen Senatoren-Adel aus G a l l i e n . Seine Freunde weiter im Westen und er warteten nur auf die Gelegenheit zum Putsch. Sie ergab sich im Jahr 411, und die Burgunder waren gerne bereit, ihren neuen Oberherren ins eigentliche Gallien zu begleiten, wo er die Herrschaft in seiner vom Römischen Reich abgetrennten Heimat antreten wollte. Das geschah auch, die Burgunder-Krieger kehrten wohlbehalten von ihrem langen Marsch zu ihren Familien zurück und lebten noch längere Zeit unbehelligt in der Jülicher Börde.

Dem Möchte-gern-Kaiser Jovinus ging es nicht so gut. Für den „legitimen" Kaiser Honorius hatte ein tatkräftiger General Truppen gesammelt, und diesen gelang es, nach Gallien zu marschieren, Jovinus zu schlagen, gefangen zu nehmen und hinzurichten (wohl im Jahr 413).

Dieser winzige Schlenker in der spätrömischen Geschichte ist von der modernen Geschichtswissenschaft kaum beachtet worden, dennoch ist er historisch, auch die Beteiligung eines Burgunderfürsten „Gundahari" an der Erhebung des Jovinus zum Kaiser. Nur das intensive Nachbohren nach Details, auch in dem Weiler Mündt im Rheinland, wie es eben wohl nur die von manchen akademischen Historikern missachteten „Heimatforscher" tun, konnte den tatsächlichen Ablauf erhellen. Und der passt überhaupt nicht zu dem, was 800 Jahre später im „Nibelungenlied" der Nachwelt weisgemacht wurde.

Eine andere Bewegung von Menschen innerhalb Deutschlands ziemlich zur gleichen Zeit hatte nichts mit der Angst vor den Hunnen zu tun. Im Jahr 407 war es wohl, dass die über 30 Jahre vorher vom Donau-Ufer in Pannonien nach Thüringen geflüchteten „Sycambrer", das Regiment sarmatischer Panzer-reiter (s. S. 57), nun auch von dort flüchteten.

Die einstigen Söldner Rom, die sich nun vor der Macht des römischen Heeres am Donau-Limes verstecken mussten, hat-ten es in der Gegend ihres vorübergehenden Aufenthaltes nicht gut getroffen. Die relativ kleine Gruppe von Soldaten mit ihren großen zivilen Anhang war viel zu schwach, um sich den sehr weitgehenden Forderungen der Thüringer zu widersetzten, als diese einen Aufenthalt der Fremden bei sich gestatteten.

Die Sycambrer durften sich nicht alle zusammen niederlas-sen, sondern in kleine Gruppen verteilt. Außerdem mussten sie von ihrem Vieh regelmäßige Abgaben leisten, vor allem von ihren berühmten und leistungsfähigen Pferden. Und als Krö-nung der Demütigung mussten sie als Pfand für ihr friedliches Verhalten Geiseln stellen: alle Jungen und Mädchen der Sycambrer im Alter von 15 -18 Jahren hatten bei Familien der Thüringer, meist wohl aus dem Adel, zu leben und wurden in dieser Zeit praktisch wie Sklaven gehalten.

Schon länger hatte die adlige Anführer-Familie der sarmati-schen Sycambrer heimlich eine gemeinsame Flucht vorbereitet. Der ungewollte Auslöser dieser Flucht war dann ein schreckli-cher Zwischenfall: Die Tochter eines sarmatischen Adligen, als Geisel bei der Familie eines thüringer Häuptlings lebend, war von ihrem Herrn missbraucht worden, ihr Vater hatte den Schänder mit dem Schwert erschlagen – und das hatte nun wiederum eine grausige Folge gehabt: überall wurden die jun-gen Sarmaten, die in Geiselhaft lebten, von den Thüringern umgebracht und dabei grässlich gefoltert.

Jetzt mussten die Sarmaten die längst heimlich vorbereitete Flucht überstürzt ausführen; das gelang ihnen allerdings. Wieder war das kleine Häuflein der Sycambrier auf dem Marsch. Wohin er führen würde, war ihnen diesmal jedoch klar: an den römischen Limes am Rhein [23].

Die folgenden Berichte werden manche Leser für überspannte Phantasie-Ausgeburten eines Roman-Autors halten. Doch sie sind, so merkwürdig das klingen mag, reale Geschichte gewesen ! Sie lassen sich durch eine ganze Reihe zusammen passender Indizien erkennen, gefolgert aus Forschungen v e r s c h i e d e n e r Privatgelehrter. Und sie hängen mit diesem Aufenthalt der Sycambrer in Thüringen und der anschließen Flucht zusammen.

Bereits über 30 Jahre vorher, nach dem vorläufigen Ende der Flucht der Sycambrer nach Thüringen, hatte sich eine kleine Gruppe von dem sarmatischen Krieger-Draco getrennt. Es waren drei .junge Mitglieder des adligen Fürsten-Clans, vermutlich jeder mit drei oder vier Kriegern aus ihren engeren „Schwur-Gemeinschaften", Mitgliedern der „unteren Kaste" im Volk der Sarmaten. Alle diese Männer hatten, wie üblich, soweit vorhanden, ihre Frauen und Kinder mit sich.

Diese drei jungen „Heißsporne" waren nach der Vertreibung aus dem heimatlichen Sycambria an der Donau durch die Römer (siehe oben S. 57) voller Wut auf diese und wollten sie nun an einer anderen Stelle der römischen Grenze bekämpfen, wenn es ihnen möglich war. Im oben bereits erwähnten „Liber historiae Francorum" vom Anfang des 8. Jahrhunderts wurden

---

[23] Dass die beschrieben Ereignisse kein Erzeugnis von Autoren-Phantasie waren, wird im Buch „Die Ahnen der Merowinger und ihr ‚fränkischer' König Chlodwig", Kapitel II.7: „Die Flucht aus Thüringen", S. 120 ff. ausführlich und mit zahlreichen Belegen beschrieben.

sie erwähnt: „Marchomir, der Sohn des Priamos, und Sunno, der Sohn Antenors": Allerdings stellte diese Niederschrift einer bisher von Generation zu Generation mündlich überlieferten S a g e dar, gut 300 Jahre nach den tatsächlichen Ereignissen, diese auch nicht gerade in der richtigen Reihenfolge. Aber merkwürdig: genau diese Namen (und noch der eines gewissen Genebaud) tauchen in gleichzeitigen römischen Berichten auf (s.o. S. 57). Wie es gelungen ist, die in diesen Namen steckenden Rätsel zu entschlüsseln, wird in einem der Quellenbücher d i e s e s Buches ausführlich und mit Belegen dargestellt [24]:

Es scheint so, dass sich diese jungen sarmatischen Offiziere den Germanenvölkern als Mitstreiter zur Verfügung stellten, die am Rhein-Limes etwa zwischen Xanten und Koblenz den Römern gegenüber wohnten und diese immer wieder einmal durch Raubüberfälle ärgerten. In diesen Kämpfen bewährten sie sich so, dass sie bald zu Anführern der Germanengruppen wurden und so den Römern, die sie bekämpften, als „reguli" namentlich bekannt wurden.

Von Markomir und Sunno hörte man später nichts mehr, aber der dritte, Genobaud, scheint ein mehr als eigenartiges Schicksal gehabt zu haben. Ihn hatte es offenbar zu den Nachkommen der alten S i g a m b r e r verschlagen, die einst zu Augustus Zeiten in T e i l e n vom westlichen Sauerland ans Westufer des unteren Rheins (beim heutigen Xanten) von den Römern zwangsweise umgesiedelt worden waren. Bei diesen Sigambrern, und zwar sowohl bei den im Sauerland verbliebenen wie bei den inzwischen seit 400 Jahren am Niederrhein lebenden, hatte sich ein kleines völkisches „Einsprengsel" gehalten, das wohl lange vor der Zeitenwende, um 600 v.

---

[24] Die Ahnen der Merowinger und ihr ‚fränkischer' König Chlodwig, Kap. II.5: „Die Flucht und die ‚Separation' ins Rheinland"., S. 102 ff.

Chr., als „Skythen" ins Land gekommen war (s. oben Kap.1, S: 10).

Diese Skythen waren genetisch, kulturell und sprachlich praktisch die Vorfahren der Sarmaten zur Römerzeit. Hier am Rhein, aber auch „zu Hause" im Sauerland, waren inzwischen die Nachkommen der kleinen Skythengruppe zu den adligen Anführern des geteilten Stammes der Sigambrer aufgerückt.

Und diese Fürstenfamilie – wohl gemerkt, sowohl im Sauerland wie auch am Niederrhein vertreten ! – zeichnete sich durch zwei Eigenarten aus, die sie damals weithin berühmt gemacht hatte: sie galt als „heilig", und sie hatte im Gegensatz zu den anderen Mitgliedern ihres Stammes pechschwarze Haare. Die „Heiligkeit" verdankte sie vermutlich einer (nur im Mannesstamm) e r b l i c h e n Besonderheit ihres Körpers: einer Verhornung der Haut an verschiedenen Körperstellen (wissenschaftlich: Ichthyosis, Fischschuppen-Krankheit), die aber die körperliche und geistige Leistungsfähigkeit nicht einschränkt. Und die schwarzen Haare waren wohl ein (ebenfalls e r b l i c h e s) Andenken an ihre Vorfahren, die mit den alten Persern eng verwandt waren.

Es muss den jungen „sycambrischen" Sarmaten-Adligen Genebaud mehr als erstaunt haben, als er am Niederrhein auf eine Fürstenfamilie stieß, die von „Sigambrern" abstammte, also fast den gleichen „Familiennamen" wie er führte und – ebenfalls wie er selbst – schwarze Haare hatte ! Genebaud dürfte sich und seine kleine Schar von Kriegern in den Dienst des Fürsten dieser Cugerner (so hießen später die an den Niederrhein versetzten Sigambrer) gestellt haben, und sein Sohn Faramund konnte der Ehemann der Erbtochter dieses Fürsten werden.

Das war für beide Seiten äußerst nützlich. Man wusste damals sehr wohl, dass dieses einzige Kind des Stammesfürsten, die „Erbtochter" Argotta, an i h r e m Körper keine Merkmale der Heiligkeit zeigte, doch dass ein von ihr geborener Sohn sie wieder zeigen würde. Das geschah auch: der Sohn von Faramund und Argotta, Chlodio, zeigte, als er erwachsen wurde, wieder die „Eberhaut" auf seinem Rücken, das „Zeichen der Heiligkeit" [25] .

In der vorübergehenden Heimat der Sycambrer, Thüringen, erfuhr man von dem erfreulichen Ereignis am Rhein. Boten oder Händler werden die Nachricht überbracht haben. Dadurch wusste der damalige Anführer der Sycambrer in Thüringen auch recht gut, wohin er sein kleines Volk führen konnte, das nun wieder einmal auf der Flucht war.

Es könnte um das Jahr 407 gewesen sein, dass sich ein vollständiges Regiment („Draco") sarmatischer Panzerreiter beim römischen Militärbefehlshaber am Niederrhein meldete und seine Dienste in römischem Sold anbot. Solche Befehlshaber gab es, wie gesagt, noch, allerdings ohne Soldaten, und der Zuständige wird ein Dankgebet ausgestoßen haben, als er davon erfuhr. Was diese Sarmaten (oder „Franken", wie auch sie jetzt bei den Römern hießen) früher gemacht hatten, interessierte nicht, und man konnte es auch nicht erfahren.

Ein anderer römischer Chronist als der Verfasser des schon erwähnten „liber historiae Francorum", der angebliche Mönch Fredegar, berichtete: „Sie (die Vorfahren der „Franken") ver-

---

[25] diese seltsamen Zusammenhänge wurden von v e r s c h i e d e n e n privaten Forschern herausgearbeitet und zusammengebracht. Genauer sind sie dargestellt im Buch „Die Vorfahren der Merowinger und ihr ,fränkischer, König Chlodwig", Kap. II.6, Das Zusammentreffen von Sycambrern und Sigambrern, S. 110 ff.

suchten nicht weit vom Rhein eine Stadt zu bauen, die sie des Andenkens wegen Troja nannten." Das berühmter antike Troja am Hellespont war es nicht, aber die Ruinen der zerstörten Stadt CUT, Colonia Ulpia Traiana. Hier, an der Mündung des Flusses Lippe in den Rhein, war eine kräftige römische Militäreinheit immer noch nötig, auch, um den Durchfahrtzoll der Schiffe auf dem Rhein zu erheben. Allerdings dürfte der früher so lebhafte Schiffsverkehr in diesen unruhigen und ungewissen Zeiten stark nachgelassen haben.

Lange blieben die Sycambrer allerdings nicht in ihrem neu aufgebauten Kastell am Rhein. Als der Versuch einer Abspaltung eines eigenen Kaiserreichs in Gallien unter dem Usurpator Jovinus vorüber war (s.o.), scheint der Heermeister des Weströmischen Reiches in Ravenna beschlossen zu haben, den römischen Limes im Norden der gallischen Diözese zurückzuverlegen, von den Rheinmündungen ein ganzes Stück weiter nach Süden zum Unterlauf der Maas. Die Soldaten der Kampfeinheit der Sycambrier, die jetzt „Trojaner" geworden waren, und ihr Gefolge wurden in ein Kastell im heutigen Nordost-Frankreich versetzt, nach „Fanum Martis" (heute Famars bei Valenciennes). Vermutlich geschah das im Jahr 414 oder schon Ende 413 [26].

Die im F o l g e n d e n kurz dargestellten historischen Vorgänge haben an sich direkt nichts mit der Geschichte D e u t s c h l a n d s zu tun, aber ohne ein Wissen darum kann kein Leser die Vorgänge im Gebiet unseres Landes in den nächsten Jahrhunderten verstehen. Das hängt mit der Fürstenfamilie eben dieser sarmatischen Sycambrer zusammen.

---

[26]   Die bisher kurz dargestellten Ereignisse sind ausführlich und mit zahlreichen plausiblen Indizien belegt im Buch „Die Vorfahren der Merowinger und ihr ‚fränkischer' König Chlodwig", Kap- II 7 und 8 , S. 124 ff.

In ihrem Kastell Fanum Martis in der Provinz Belgica I war der Draco zunächst nichts anderes als eine römische Besatzungstruppe, und ihr Anführer, der Fürst, war zugleich so etwas wie römischer Offizier.

Der Fürst Chlodio, der in der ersten Hälfte des 5. Jahrhunderts lebte, hatte ein gerade abenteuerliches Schicksal. An seinem Körper trug er ein sichtbares Zeichen seines besonderen „Götterheils", ein Erbteil seiner sigambrischen Mutter (siehe oben S. 77). Doch er selbst erwarb für s e i n e Nachkommen noch ein zweites „Götterheil", indem er eine junge jüdische Adlige aus Südfrankreich heiratete, der allgemein nachgesagt wurde, sie stamme von Jesus ab, dem Menschen, aber zugleich Messias der J u d e n . Für die C h r i s t e n galt derselbe Mann als „Sohn Gottes" und diesem gleich (s. o. S. 51). Das musste nun allerdings streng geheim gehalten werden, weil das römische Kaiserreich ja längst offiziell christlich war [27].

Chlodio war zweimal verheiratet. Aus seiner ersten Ehe stammte sein Sohn Sigimer, der später noch zu erwähnen ist. Doch seine erste Frau, eine G e r m a n i n , starb früh, so dass er noch in jungem Alter seine zweite Frau heiraten konnte, eben die erwähnte adlige Jüdin.

Man glaube nicht, dass alle Bewegungen von Völkern oder Stämmen im Gebiet des heutigen Deutschland in der ersten Hälfte des 5. Jahrhundert, also der Zeit, die dieses Kapitel zu

---

[27]   Im Einzelnen nachzulesen im Buch „Die Ahnen der Merowinger und ihr ‚fränkischer' König Chlodwig", Kapitel II. 10 – 13, S. 141 ff. – In romanhafter Form, daher noch anschaulicher: „Die Könige mit den langen Haaren", Kap. 4: „Die Fischerkönige", S.104 ff.

beschreiben versucht, nur mit den Römern oder den Hunnen zu tun hatten. Es gab noch ganz andere Ursachen.

An der deutschen Nordseeküste ging das Land unter ! Ganz langsam, jedes Jahr nur wenige Zentimeter, aber auf die Dauer fühlbar, senkte sich die Küste. Vielleicht war das eine geologische Folge des Endes der Eiszeit auf der Nordhalbkugel, obwohl das schon viele Jahrtausende her war. Jedenfalls wurden die küstennahen Siedlungen der germanischen Stämme der F r i e s e n und der S a c h s e n davon betroffen.

Die Friesen lebten damals in einen nicht sehr breiten Streifen an der Nordseeküste, im heutigen Westfriesland (zu den Niederlanden gehörend) und in Ostfriesland. Ihnen schlossen sich die Wohnsitze der Sachsen an, zwischen Weser- und Elbe-Mündung und im heutigen Holstein. Korrekterweise muss man diese Sachsen heute als Alt-Sachsen oder Nieder-Sachsen bezeichnen, denn irgendwann im Mittelalter verschob sich plötzlich durch eine Erbschaft im Herrschergeschlecht der Name des Volkes und des Landes Sachsen ganz nach Osten unseres heutigen Deutschland.

In den Jahrzehnten vor und nach dem Jahr 400 mussten immer wieder küstennahe Siedlungen aufgegeben werden, weil sie langsam im Meer versanken. Die Bewohner gründeten neue Dörfer weiter im Landesinneren – – oder sie setzten sich in ihre seetüchtigen Boote und ruderten ein paar Tagereisen nach Westen nach der Insel Britannien, wo vor ihnen schon zahlreiche Landsleute eine neue und, wie es hieß, viel versprechende

Heimat gefunden hatten [28]. Da gleichzeitig auch viele A n g e l n von der holsteinischen O s t seeküste den gleichen Weg antraten, nennt man die Einwanderer in die bisher römische Insel Britannien zusammenfassend A n g e l s a c h s e n. Doch deren Geschichte muss in diesem Buch nicht erzählt werden.

Das Volk der S a c h s e n mit germanischer Sprache hatte seinen Namen erst seit einiger Zeit. In der Frühzeit römischer Berichterstattung über Germanien nannten die römischen Schriftsteller die Menschen, die man in ihrer Heimat vermuten muss, anders. Doch nun, im 5. Jahrhundert, hatten bei den römischen Befehlshabern sowohl in Britannien wie an der Nordseeküste der Provinzen Nieder-Germanien und Belgica I „sächsische" Seeräuber einen sehr schlechten Ruf. Sie kamen mit ihren Ruderbooten immer wieder zu Überfällen ins Land. Man konnte ihrer nicht Herr werden. Im Chaos, das in den Jahren seit 384, dem Putsch des Generals Maximus, in Britannien sowie im ganzen Weströmischen Reich eingetreten war (s.o. S. 65), war jede Gegenwehr gegen die „sächsischen Räuber" ziemlich hoffnungslos.

Für die künftigen historischen Ereignisse im heutigen Deutschland sind die (Alt-)Sachsen von großer Bedeutung. Die Menschen diese Stammes, die sich vor der Überflutung durch die Nordsee mehr ins Landesinnere zurückzogen, waren arm, aber zäh und lebenstüchtig. Wenn sie angegriffen wurden, verwandelten sich ihre Bauern in tapfere Krieger, die mit ihren Kurzschwertern („Sachs") einem Gegner schwere Niederlagen zufügen konnten. Spätere Generationen dieser Sachsen werden

---

[28] In romanhafter Form, dann aber auch ausführlich sachlich erklärt und begründet nachzulesen im Buch „Deutschlands unbekannte Jahrhunderte", Kap. 4: „Die Wanderungen der Alt-Sachsen", S. 49 ff.

in den weiteren Kapiteln dieses Buches noch eine große Rolle spielen.

Als die Fünfziger-Jahre des 5. nachchristlichen Jahrhunderts herangekommen waren, sollte nun auch der Westen des Römischen Reiches eine Menge von den Schrecken mitbekommen, die das Volk der Hunnen sehr bewusst um sich verbreitete.

Seit etwa 435 scheint die Zeit vorbei gewesen zu sein, da mehrere Fürsten oder Clan-Chefs bei den Hunnen die Macht in Händen hatten (und sich dabei wohl auch gegenseitig oft im Wege standen). Jetzt war die Zeit für den einen übermächtigen König Attila gekommen, dessen der Nachwelt bekannter Name, wie schon erwähnt, gar nicht aus der hunnischen Sprache stammt.

Seit dem Jahr 450 bereitete Attila einen Zug in das reiche Gallien vor, bei dem seine Krieger nach Herzenslust Städte erobern und deren Schätze plündern konnten. Doch dieser König war so „zivilisiert", dass er einen diplomatischen Vorwand für diesen Raubzug benutzte. Der war so romantisch wie unglaubwürdig, aber nützlich.

Eine Tochter des jetzt (immer noch im sicheren Ravenna) herrschenden weströmischen Kaisers Constantius, Honoria, war wegen eines „Fehltritts" an den o s t römischen Kaiserhof in Konstantinopel verbannt worden. In einem von dort herausgeschmuggelten Brief bot sie sich selbst Attila als Gattin an. Der Hunnenkönig hat das wahrscheinlich nicht besonders ernst genommen, Aber es war ein hochwillkommener Anlass für den schon längst geplanten Zug nach Gallien, Attila forderte als „Mitgift" für diese Heirat die Einkünfte der Diözese Gallien, des reichsten Teils des ganzen weströmischen Reiches.

Als ihm dies – wie zu erwarten war – verweigert wurde, konnte er sein schon längst gesammeltes Heer losschicken (im Frühjahr 451). Es bestand natürlich aus vielen hunnischen Reitern, aber auch aus Hilfstruppen von den vielen germanischen Stämmen, die er auf der Balkanhalbinsel seiner Herrschaft unterworfen hatte: Goten, Gepiden, Rugier und viele andere.

Ein so großes Heer kam nicht besonderes schnell vorwärts. Für die gut 1000 Kilometer, die Attilas Heer von Ungarn bis in die Mitte Frankreichs in diesem Jahr zurücklegen sollte, dürfte es mindestens 4 Monate benötigt haben, weil die mitgeführten Ochsenwagen und die vielen Fußgänger nun einmal das Tempo drosselten, und auch die schnellen Pferde konnten nicht ständig im Galopp laufen. Bis weit ins 19. Jahrhundert, bis zum ersten Einsatz von Eisenbahnen und Kraftwagen, hat sich kein Heer schneller bewegen können.

Ein Teil des großen Hunnen-Heeres scheint sich an der Donau entlang nach Westen bewegt zu haben; in der Nähe des heutigen Basel wurde wohl der Rhein überschritten, weil es dort eine Brücke gab. Ein anderer Teil wählte einen nördlicheren Weg, denn beim heutigen Städtchen Unkel, südlich von Bonn, gab es auch noch eine Brücke über den Rhein, sogar aus der Zeit Caesars.

Von hier aus strömte der nördliche Heeresteil im Eiltempo nach Westen, „im Vorbeigehen" wurden die Städte Trier, Metz, Reims und andere in Gallien eingenommen und ausgeplündert. Im Frühsommer 451 war das inzwischen vereinigte hunnische Heer vor der großen Stadt Orleans angekommen und rüstete sich zu einer Belagerung.

Dem jetzigen „Heermeister" (Magister Militum) des Weströmischen Reiches, Aëtius, einem sehr fähigen Mann, war es inzwischen gelungen, eine Koalition von Kriegern aus verschiedenen Gruppierungen zusammenzubringen, die zwar längst in Gallien lebten, aber keine „Römer" waren. Dazu gehörten die (West-)Goten aus Südwest-Gallien und Spanien, die inzwischen nach Südost-Frankreich umgesiedelten Burgunder, aber auch „Franken" und Alanen. Auch der Draco der Sycambrer aus Fanum Martis war Teil des „römischen" Heeres.

Zurück zum Eroberungs- und Plünderungszug Attilas nach Gallien im Jahr 451. Attila, dessen Heer vor Orleans lag, um die Stadt zu belagern, ließ sich nicht auf eine große Schlacht ein, die seine Truppen zwischen zwei Gegner gebracht hätte, und zog sich geschickt zurück. Das Heer des Aëtius folgte ihm vorsichtig. Auf den guten Römerstraßen war das Hunnen-Heer auf seinem Rückzug – noch keiner Flucht ! – bis östlich von Metz gekommen. Kein antiker, aber auch kein moderner Historiker hat auch nur ein Wort über das Wunder verloren, wie es zwei großen Heeren möglich war, die vielen Menschen und die zehntausende von Tieren auf diesem wochenlangen Marsch zu ernähren. „Alltägliche" Probleme wie solche Fragen der Logistik scheinen angesehene Historiker nicht zu interessieren, weder damals noch heutzutage.

Den O r t der berühmten „Schlacht auf den Katalaunischen Feldern", die dann doch – wohl im September 451 – zwischen beiden Heeren stattfand, hat die Geschichtswissenschaft seit Jahrhunderten in der Champagne in Frankreich gesucht: weil örtliche Honoratioren seit einigen Jahrhunderten das so behauptet hatten. Doch 1998 musste das zuständige archäologische Amt in Frankreich zugeben, dass die einstigen Behauptungen „gefakt" waren. Den vermutlich wirklichen Ort der Schlacht hat der deutsche Geographie-Professor Friedrich im Jahr 2006 nachgewiesen: im Grenzgebiet zwischen Lothringen und dem Saarland, zwischen den Dörfern Eft und Oberleuken, auf heute deutschem Staatsgebiet [29]. Durch diese Gegend führte damals die Römerstraße, die Metz mit Trier verband.

Der Schlachtort liegt auf dem damals direkten Weg zwischen dem Herzen Galliens und der rettenden Brücke über den Rhein bei Unkel, während das Hunnenheer bei seinem Rückzug aus der Champagne in die unwegsamen Berge der Ardennen geraten wäre.

Über die Schlacht, die dann schließlich doch stattfand, existieren seit dem Altertum abenteuerliche Vorstellungen, vor allem über die Zahl der beteiligten Krieger auf beiden Seiten. Auch wenn die Zahlen geringer waren, muss diese Auseinandersetzung tatsächlich eine der größten und blutigsten der Spätantike und des Frühmittelalters gewesen sein. Die große Tragik dabei war, dass sich auf beiden Seiten verwandte oder sogar gleiche Völker als Krieger gegenüber standen.

Attila verlor diese Schlacht nicht „mit Pauken und Trompeten", aber er musste sich zurückziehen und sehen, nun so schnell wie möglich die rettende Brücke über den Rhein bei Unkel zu erreichen. Auf jeden Fall hatte er viel von seinem Image verloren, stets in allen Schlachten Sieger zu sein. In der Denkweise der damaligen Zeit hieß das, er hatte viel von seinem „Götter-Heil" eingebüßt [30].

Bereits im nächsten Jahr, 452, versuchte Attila noch einmal einen Vorstoß ins Römerreich, diesmal südlich an den Ostalpen vorbei nach Norditalien. Doch auch das brachte keinen

---

[29] Volker Friedrich, Zur Geographie der Hunnenschlacht. In: Beiträge zur Geschichte des Bitburger Landes Nr. 16 (2006).

[30] Eine anschauliche Beschreibung dieses Rückzuges, beobachtet von rechtsrheinischen Germanen aus sicherer Entfernung bei Unkel, aber auch viele nähere Sach-Erklärungen, enthält das Kapitel 7, „Der Anfang vom Ende Attilas" (S.87 ff.) im Buch „Deutschlands unbekannte Jahrhunderte".

großen Erfolg, das Hunnenheer musste sich wegen einer dort auftretenden Seuche schnell wieder zurückziehen,

Noch ein Jahr später, 453, starb Attila plötzlich, angeblich durch einen Schlaganfall im Brautbett nach der Hochzeit mit einer Germanin namens Hildico.

Es dauerte nur noch ein weiteres Jahr, bis sich die von den Hunnen unterworfenen Germanenvölker im Südosten Europas zusammentaten und eine große Schlacht gegen Attilas Söhne gewannen, die untereinander heillos zerstritten waren. Wo der Fluss „Nedao" lag, an dem diese Schlacht alten Berichten zufolge stattfand, hat bis heute kein Historiker ermitteln können. Mit Attilas „Heil" war auch die Furcht vor dem Tyrannen bei seinen fremdstämmigen Untertanen verschwunden. Der Hunnenspuk verschwand schneller als er gekommen war.

Und doch hatte dieses Ende noch ungeahnte Folgen gerade auch für unser Land, übrigens auch für weite Teile Osteuropas. Davon mehr im nächsten Kapitel dieses Buches.

Kapitel 5

Ein altes Volk zerfällt, ein Kaiserreich wird vergessen und eine neue starke Macht entsteht

455 – 511 n. Chr.

Von Ereignissen im heutigen Gebiet D e u t s c h l a n d s aus dem knappen halben Jahrhundert, von denen dieses Kapitel erzählen soll, haben Schriftsteller oder Historiker im Altertum nichts mitbekommen, jedenfalls ist nichts davon überliefert. Also schweigen moderne deutsche Geschichtsdarstellungen darüber.

Dabei ist gerade diese recht kurze Epoche außerordentlich entscheidend für die spätere Geschichte unseres Landes gewesen. Und es gibt Quellen dazu, die allerdings anderswo zu suchen sind, als Historiker dies üblicherweise tun. Die vielen „Pferdegräber" an manchen Stellen Deutschlands – keineswegs überall ! – gab es erst nach der Mitte des 5. Jahrhunderts n. Chr., wenigstens die meisten. Und „Dichter-Sänger" haben bereits aus dieser Zeit in „ältest-niederdeutscher" Sprache (!!) m ü n d l i c h von einigen Ereignissen berichtet, die sich nicht am Rhein, sondern mitten in der „freien Germania" zugetragen haben.

Alles fing dort an, wo kurz zuvor die letzte Schlacht gegen die Hunnen stattgefunden hatte, irgendwo in Ungarn oder Serbien. Die siegreichen Germanenstämme dort jubelten: endlich waren sie ihre hunnischen Aufpasser los, die bisher darauf geachtet hatten, dass ihre germanischen Vasallen auch untereinander Frieden hielten. Jetzt droschen die verschiedenen Germanen dort wütend aufeinander ein. Der Goten-Historiker Jordanes berichtete davon, allerdings ohne weitere Einzelheiten.

Mitten zwischen diesen wütigen Germanen hatten Sarmaten bisher recht friedlich ihr Vieh weiden lassen. Jetzt brachten die Kriegszüge ihrer Nachbarn ihr Vieh in wilde Flucht, oder es wurde einfach als „Marschproviant" mitgenommen. Die einzelnen sarmatischen Stämme hatten sich wohl nie als sich besonders nahestehende „völkische" Einheit empfunden, und ihre kleinen autarken Gruppen, die „Dracones", lebten auch stets in achtungsvoller Entfernung von den anderen. So war in dieser höchst bedrohlichen Situation eine gemeinsame Verteidigung gegen die germanischen Kriegszüge den Sarmaten unmöglich.

Was blieb, war die Flucht, und auch die war wieder nur Sache einzelner „Dracones". vielleicht auch zwei oder drei zusammen, nie eines ganzen Stammes. Diese Fluchten gingen in alle Himmelsrichtungen, und sie fielen genau in die Zeit der Bewegungen von Teilen eines anderen Volkes im Osten Europas mit indoeuropäischer Sprache, das zur gleichen Zeit, wenn auch wohl aus teilweise anderen Ursachen, ins „Wandern" geriet: den S l a w e n .

Da in diesem Buch unmöglich die vielen „Völkerwanderungen" von Slawen und Sarmaten in dieser Zeit – oft gleichzeitig und m i t einander – beschrieben werden können, sei nur so viel gesagt: Polen, Litauer, Pruzzen (die frühen „Preußen"), aber auch mehrere Slawenstämme, die bald danach ins heutige Deutschland einwanderten, hatten sarma-tische Anführer, die späteren Tschechen und Slowaken ebenfalls. Auch für die Slawen, die sich nach Süden wandten und den Norden der

Balkanhalbinsel und die Südseite der Alpen besiedelten, Kroaten und Serben und die späteren Krainer, galt dasselbe.

Und vielfach dürfte es so gewesen sein, dass die Gruppen von Sarmaten mit ihrer kleinen adligen Führungsschicht im Laufe der Zeit von Nachbarn und Mitwanderern zu Anführern der in die gleiche Richtung ziehenden Slawengruppen wurden.

Das Zustandekommen dieser Anführerschaft dürfte meist ganz friedlich vor sich gegangen sein, weil die viel größeren Bauernvölker der Slawen und Balten die Vorteile einer Führung durch sarmatische Adlige, unterstützt von tapferen Reiter-Kriegern, erkannten. Die Eigenschaften dieser Adelsschicht – Übersicht, militärische Erfahrung und Verantwortungsbereitschaft und Sorge für das Wohlergehen der ihnen anvertrauten Menschen – sprachen wohl für sich. Die Sarmaten waren eben keine Hunnen !

Überall haben auch diese sarmatischen Anführer sehr schnell die Sprache ihrer Untergebenen benutzt und nie versucht, diese zu ihrer Religion oder speziellen Gebräuchen zu „bekehren". Die wenigen sarmatischen Gene, die dabei vielleicht in die angeführten Menschengruppen flossen, waren sicher zu gering, um daraus Sarmaten zu machen Aber so etwas wie ein Saatbeet für neue Völker waren diese kleinen Anführergruppen gewiss. Dass dabei das alte V o l k der Sarmaten sich rasch und vollständig auflösen musste, ist sicher damals niemandem aufgefallen, sondern nur aus dem Rückblick zu erkennen [31].

Bei den drei Sarmatengruppen, die in dieser Zeit nach Deutschland kamen, war es etwa anders. Sie kamen auch nicht

---

[31]   Ausführlicher sind diese Vorgänge im Buch „Sarmaten: Unbekannte Väter Europas" nachzulesen

gleichzeitig, sie gehörten verschiedenen Sarmatenstämmen an, und die Anlässe und Folgen waren verschieden. Über sie muss hier getrennt, aber so kurz wie möglich, berichtet werden.

Die ersten, die wohl kamen, waren J a z y g e n , kenntlich an den rot-weißen Schach-Würfeln, die ihre Adelsgeschlechter später im Mittelalter auf Wappenschildern hinterließen. Vom gleichen Stamm waren übrigens mit großer Wahrscheinlichkeit die Anführer der Slawen, die von Galizien (im Südosten des heutigen Polen) nach Süden zogen und später zu den Kroaten wurden. Dass die Wappen der alten deutschen Grafschaft Mark in Westfalen und der Republik (früher Königreich) Kroatien gleich aussehen, ist kein unerklärbarer Zufall !

Vielleicht schon im Jahr 456 traten ein oder zwei Dracones der Jazygen von Ungarn (?) aus den langen Zug nach Nordwesten an. Womöglich hatten ihre Anführer schon längst etwas gehört von den „paradiesischen Zuständen" für größere Pferde- und Rinderherden, dort, wohin ihr Weg sie führte. Er war übrigens nicht länger als der Marsch, den die Cowboys im mittleren Westen der USA um das Jahr 1870 zurücklegen mussten, um ihre Rinder von den Weidegebieten zur nächsten Eisenbahn zu treiben.

Der Viehtrieb (und zugleich der Marsch von wenigen tausend Menschen) dauerte vielleicht drei Monate und endete im südöstlichen W e s t f a l e n [32]. Entlang der oberen Lippe, und

---

[32] Anschaulich geschildert wird dieser Zug im Buch „Deutschlands unbekannte Jahrhunderte" im Kapitel 8 , „Mit Mensch und Vieh ins Hunenland", S. 103 ff., und anschließend mit zahlreichen Indizien begründet. Auch das Buch „Die Westfalen und ihr weißes Ross" beschreibt und begründet die Einwanderung von Sarmaten nach Westfalen.

zwar zunächst nur südlich davon, fanden Archäologen mehrere, zum Teil beachtlich große Gräber von hohen Adligen und daneben „Pferdegräber", bei Soest eines, dem man den Namen „Fürstengrab" gab. Nur langsam, vielleicht erst nach Jahrzehnten, dehnten sich die Familien der Einwanderer weiter nach Norden aus. Die nächsten Kapitel dieses Buches werden davon berichten.

Eine unerwartete Schriftquelle berichtet von Kämpfen zwischen den Neuankömmlingen und der alten Bevölkerung der Gegend, den „Hunen". Das waren keineswegs die asiatischen Hunnen, sondern wohl ein „Zweitname" der inzwischen längst germanisch – und zwar „alt-niederdeutsch" – sprechenden Einheimischen in Teilen des heutigen Westfalen.

Diese Quelle ist die im Vorwort bereits erwähnte „Thidrekssaga". Dieser Text scheint in Teilen ganz alte, vorher nur mündlich überlieferte, Heldenlieder festgehalten zu haben, einige wohl bereits aus dem 5. Jahrhundert.

Und zwei oder drei dieser „Heldenlieder" berichteten offenbar von Kämpfen der Einheimischen gegen die plötzlich aufgetauchten „Schachmänner". Das muss der Name gewesen sein, den die Einheimischen ihren damaligen Gegnern gegeben hatten: „Schah" hießen im Alt-Persischen (und daher wohl auch im Sarmatischen) die Adligen; erst später wurde der Königstitel daraus abgeleitet. Mit dem Spiel Schach hat der Name nur sehr indirekt etwas zu tun. Nach ersten Kämpfen scheinen sich aber Einwanderer und Einheimische miteinander versöhnt zu haben.

Eine zweite Gegend, wo die Sarmaten jetzt vor den unerträglich gewordenen Verhältnissen in der ungarischen Puszta

Zuflucht suchten, war T h ü r i n g e n . Diesmal dürften es Sarmaten vom Stamm der R o x o l a n e n gewesen sein, die sich dorthin wandten. Sehr wahrscheinlich wussten sie, dass ein Dreiviertel-Jahrhundert zuvor bereits ein Draco aus ihrem Stamm dorthin geraten war, die Sycambrier. Und die Roxolanen aus Pannonien hatten sich auch die Erzählungen von Händlern gemerkt, die von dem schrecklichen Schicksal dieser Stammesgenossen in Thüringen berichteten. Aber auch von der weiteren Flucht hatte man gehört, und dass inzwischen diese Sycambrier im fernen Gallien als römische Söldner gut untergekommen waren. Aber das Land, das die Thüringer bewohnten, wurde von den Händlern, den Nachrichten-Übermittlern der damaligen Zeit, als fruchtbar und sehr wohl als Viehweide geeignet beschrieben.

Das gab vielleicht den Ausschlag. Die drei oder fünf Dracones vom Stamm der Roxolanen, die es jetzt noch nördlich der unteren Donau gab, taten sich zusammen zum Zug ins ferne Germanien, aber mit der Entschlossenheit, diesmal sich nicht den Leuten dort zu unterwerfen, sondern selbst sich zu Herren zu machen, notfalls mit Gewalt. Der Zug der vielen Panzerreiter, die Bewachung von Menschen und Viehherden, war beachtlich. Und er führte zum Erfolg.

In einem großen Halbkreis um den Harz (ein damals fast unzugängliches Waldgebirge) haben moderne Archäologen zahlreiche reich ausgestattete Gräber, vermutlich doch von Adligen, und daneben sehr häufig die bezeichnenden Pferdegräber aus der Erde holen können. Die frühesten davon wurden auf die zweite Hälfte des 5. Jahrhunderts geschätzt. Nur eine Schlussfolgerung, welchem Volk diese Zuwanderer wohl angehörten, war den Archäologen nicht möglich, die sich ja dabei auf die Erkenntnisse von Kollegen, den Historikern, stützen müssen. Und die wussten nichts davon.

Dass vom 5. bis zum 6. Jahrhundert in Thüringen Könige Herrscher waren, wusste man schon seit dem Altertum, aber nicht, ob diese Machthaber aus dem Volk der Thüringer stammten. Die Thüringer waren offenbar in den Jahrhunderten zuvor aus zwei „völkisch" verschiedenen Bestandteilen zusammengewachsen, den (vermutlich germanischen) Herminonen und den (nicht-germanischen) Duren.

Verschiedene, aber zusammen passende Indizien weisen darauf hin, dass die neuen Herrscher in Thüringen aus dem Sarmatenvolk der Roxolanen stammten. Der spätere König in Thüringen scheint sich auch daran erinnert zu haben, dass vielleicht sein Großvater und der Großvater des Fürsten des aus Sycambria geflüchteten Draco Brüder waren, dass also eine Verwandtschaft durchaus existierte. Die Adligen der Roxolanen hatten dunkelblaue Mäntel als Umhänge und „Reiterfahne", die fürstlichen Anführer der verschiedenen Dracones darauf noch kleine goldene Bienen. Dass aus diesen Zeichen später das Wappen der französischen Könige entstand und dass es von hier wiederum ernst zu nehmende Bezüge zum frühmittelalterlichen Thüringen gibt, haben bisher weder Historiker noch Heraldiker entdeckt [33].

An dieser Stelle muss dem Leser allerdings wieder etwas von den Verhältnissen in der Fürstenfamilie im sycambrischen Draco im nordgallischen Kastell Fanum Martis berichtet werden, weil sich ja auch dort in den abgelaufenen Jahrzehnten

---

[33] Spannend zu lesen, aber auch sehr informativ zu den obigen Andeutungen das Kapitel 10: „Sarmatische Könige in Thüringen ?" (S. 131 ff.) im Buch „Deutschlands unbekannte Jahrhunderte", sowie noch ausführlicher im Buch „Thüringen war einmal ein Königreich"

Vieles verändert hatte, was man wissen sollte, wenn man historische Ereignisse verstehen will, die in diesem Kapitel zu erzählen sind. Da davon aber nichts in den römischen Schriftquellen steht, die ja die einzige Fundgrube für Universitäts-Historiker sind, ist das alles bisher völlig unbekannt.

Der Fürst Chlodio war zweimal verheiratet. Aus seiner ersten Ehe stammte sein Sohn Sigimer, der später noch zu erwähnen ist. Doch seine erste Frau, eine G e r m a n i n , vielleicht sogar aus Skandinavien, starb früh, so dass er noch in jungem Alter seine zweite Frau heiraten konnte, eben die erwähnte adlige Jüdin. Sie konnte, wie es damals hieß, nicht nur das Blut des Messias Jesus an ihre Kinder vererben, sondern auch geheimnisvolle Zauberkräfte.

Aus dieser zweiten Ehe Chlodios stammte sein Sohn Merowech, der nun „zweifaches Götterheil" in sich trug. Er dürfte etwa von 448 bis 456 Fürst (auf Sarmatisch wohl „Schah") und Anführer des sarmatischen Draco der Sycambrier im belgischen Kastell Fanum Martis gewesen sein. Man weiß nur wenig über diesen Mann, weil es kaum Erwähnungen von ihm in der antiken Literatur gibt [34].

In die Zeit, in der Merowech Verantwortung für die Militäreinheit in römischem Sold hatte, fiel die große Schlacht „auf den Katalaunischen Feldern", die Attila mit seinen Hilfstruppen und auf der anderen Seite der Heermeister Aëtius mit dem „römischen" Sammel-Heer austrugen (451, s.o. S 84 f.). Sarmaten waren daran nach dem Bericht des Jordanes auf römi-

---

[34] Der deutsche Historiker Hans K. Schulze, „Vom Reich der Franken zum Land der Deutschen," Berlin 1984, S. 25 (Band 1 der Reihe „Das Reich und die Deutschen") bringt es fertig, diesen Namengeber für die späteren Merowinger in seinem dicken Band nur mit folgenden 6 Worten zu erwähnen: „der doch eher mythische Spitzenahn Merowech" !

scher Seite beteiligt, und es kann sich eigentlich nur um den Draco der Sycambrier gehandelt haben. Möglich ist allerdings, dass statt des Fürsten Merowech dessen Sohn Childerich dort den Befehl führte; er zeigte sich auch später als ausgesprochener „Haudegen" und war mit seinen damals 19 Jahren schon durchaus befähigt, ein Heer in der Schlacht zu führen [35].

Zu Merowech ist noch anzumerken, dass er es wahrscheinlich schon war, der den Titel eines Königs annahm, als ihm nämlich die römischen Kaiser abhanden kamen, denen er und fast alle seine Vorfahren einen Treueid abgelegt und militärische Gefolgschaft zugeschworen hatten. Ein König hatte keinen Oberherren mehr, ein Fürst konnte den allerdings sehr wohl haben. Vom Ende der weströmischen Kaiser wird weiter unten in diesem Kapitel noch zu berichten sein. Allerdings: „König der F r a n k e n " hätte sich Merowech niemals nennen lassen.

Jetzt geht es jedoch um seinen Sohn Childerich, der einige Jahre nach seinem Regierungsantritt wohl Kontakt zu seinem weitläufig verwandten „Kollegen" in Thüringen aufnahm. Hierzu berichtet der „Franken-Historiker" Gregor von Tours, der allerdings knapp 100 Jahre nach Childerich lebte. Dieser König habe „seines ausschweifenden Lebenswandels wegen" für acht Jahre im Exil „bei den Thüringern" leben müssen. Nach der Rückkehr sei ihm die dortigen F r a u (!) des dortigen Königs, Basina, nachgereist und dann die Mutter des berühmten Chlodwig geworden.

Doch viel wahrscheinlicher als diese „Legende" erscheint folgender Ablauf in der realen Geschichte: Childerich wollte

---

[35] Anschaulich geschildert im Buch „Die Könige mit den langen Haaren", Kapitel 10: „Die ‚Geissel Gottes' über Gallien", S. 227 ff.

und sollte heiraten, aber er fand keine ebenbürtige Partnerin. Mit den Königshäusern in seiner Nachbarschaft, den West-Goten und den Burgundern, war er tief verfeindet, so dass keine Prinzessin von dort als Ehepartner infrage kam. Aber er hatte von dem Erscheinen eines entfernten Verwandten als einer der neuen Herren in Thüringen gehört. Die Berichte der hin und her ziehenden Kaufleute waren da sehr informativ. So schickte er dem „Vetter" eine Botschaft: er solle sich doch dort in Thüringen selbst zum König machen oder von seinen Adelsgenossen machen lassen, und danach solle er ihm, Childerich, seine S c h w e s t e r Basina als Ehegattin schicken.

Dieses hochinteressantae Angebot dürfte der inzwischen in Thüringen als großer Gutsherr etablierte roxolanische Adlige gerne akzeptiert haben; so kam auch er zum Königstitel, und sein „Vetter" zu einer „ebenbürtigen" Ehefrau [36]. Das dürfte um das Jahr 465 geschehen sein.

Die Erzählung in diesem Kapitel muss jetzt noch einmal zurück in die Ursprungsgegend der zahlreichen Wanderungen der sarmatischen Adelsgruppen mit ihren nicht-adligen Gefolgschaften springen, nach Ungarn und Serbien.

Dort hatten sich in einem der zahlreichen Kriege zwischen germanischen Völkern eine Koalition gegen die besonders starken (und offenbar ziemlich verhassten) O s t - Goten zusammengefunden, der unter anderem Sueben, aber auch der Sarmatenstamm der T u r k e r e r angehörten. Der letztere

---

[36] In romanhafter Form beschrieben im Buch „Deutschlands unbekannte Jahrhunderte", Kap. 10: „Sarmatische Könige in Thüringen ?", S. 131, sowie im Buch „Die Vorfahren der Merowinger und ihr ‚fränkischer' König Chlodwig", Kap. II 16, S. 184 ff.

scheint im heutigen Serbien beheimatet gewesen zu sein. Wie schon oft, siegten die Ost-Goten. Das dürfte sich im Jahr 468 zugetragen haben.

Doch die siegreichen Ost-Goten waren auf die unterlegenen Sueben (auf der Balkan-Halbinsel) so wütend, dass sie im nächsten Winter eine Strafexpedition gegen eine andere Gruppe von Sueben unternahmen, die wirklich nur ziemlich entfernt mit den „Balkan-Sueben" verwandt war und auch sehr entfernt von ihnen wohnte, nämlich dort, „wo die Donau entspringt". Ein ostgotisches Heer rückte über die zugefrorene Donau bis dorthin – also ins heutige „Schwaben" – vor, zerstörte einige Dörfer und kehrte siegreich zurück. Das berichtete der „Goten-Historiker" Jordanes, leider nur in lakonischer Kürze.

Zur gleichen Zeit muss ein Häuptling der (germanischen) Skiren im Nordteil der Balkan-Halbinsel alle Reste von germanischen Völkern rund um sich herum gesammelt und entschlossen außer Landes geführt haben, und zwar nach Italien, wo ja schon lange kein Herrscher mehr irgendeine Gewalt über größere Regionen innegehabt hatte. Dieser Häuptling hieß Odoaker. und sein Zug dürfte 471 stattgefunden haben. Er war, wie wohl alle übrigen Germanen auf dem Balkan, ein Todfeind der starken Ost-Goten, und um ihnen zu entgehen, wich er nach Italien aus.

Hier in Italien gewann Odoaker mit seinen Truppen recht schnell die Macht. Er stand inzwischen längst nicht mehr im Sold irgendeines römischen Kaisers. Die gab es zwar noch dem Namen nach, aber ihr „Herrschaftsgebiet" beschränkte sich auf die winzige Stadt Ravenna an der Adria. Der letzte Kaiser, dessen Namen man noch beachten sollte, hieß Valentinian, und er war der formelle Gegner des Heerzuges des Hunnenkönigs Attila gewesen. Doch nach dem Sieg seines Heermeisters Aëtius war er auf dessen Beliebtheit eifersüchtig geworden und hatte ihn höchstpersönlich umgebracht (454). Die Rache folgte postwendend: zwei ehemalige Leibwächter des Heermeisters brachten den Kaiser kurz darauf selbst um. Die Nachricht von diesem beschämenden Ende des angeblich „gottgleichen Kaisers" war es wohl gewesen, was den Fürsten Merowech zu der Überzeugung gebracht hatte, es gebe nun keine römischen Kaiser mehr, denen er noch Gehorsam schuldete.

Was danach noch an „Kaisern auf dem weströmischen Thron" vermerkt wurde, hatte auch bei den Zeitgenossen nicht mehr das geringste Ansehen, geschweige denn Macht. So fiel es praktisch niemandem mehr auf, als im Jahr 476 der neue Machthaber in Italien, Odoaker, den letzten davon einfach absetzte und in ein Exil in eine komfortable Villa bei Neapel schickte. Dieser „Kaiser" war noch ein Jüngling und trug den bezeichnenden Namen Romulus Augustulus. Die weströmischen Kaiser-Insignien ließ Odoaker nach Konstantinopel schicken mit der Nachricht, im Westteil des Römischen Reiches brauche man keinen Kaiser mehr. Formal herrschte nun der oströmische Kaiser wieder über das g a n z e Reich, doch der gesamte Westen (Italien, Gallien, Spanien, Britannien, Nordafrika außer Ägypten) war längst in der Hand anderer, meist germanischer, Völker.

In gewisser Weise fühlte sich der Germane Odoaker doch als Nachfolger der weströmischen Kaiser; er ließ sich auch als „König von Italien" bezeichnen. Die wenigen römischen Provinzen n ö r d l i c h der Alpen, die zu seiner Zeit noch zur alten „Diözese Italien" gehörten, lagen im heutigen Baden-Württemberg, Bayern und Österreich s ü d l i c h der Donau.

Für den österreichischen Teil davon befahl Odoaker die Evakuierung aller „römischen" Einwohner von der so gefährdeten Grenze. Darüber berichtet eine einzige antike Quelle, die Lebensbeschreibung des heiligen Severin. Die Wegführung der bisherigen Bewohner dürfte sich im Jahr 488 ereignet haben [37].

Anders lagen die Verhältnisse weiter im Westen, an der oberen Donau. Hier lebten neben eingewanderten Alemannen die Sueben, entfernte Verwandte der Sueben, die einst auf der Balkanhalbinsel gesiedelt hatten und die das Opfer eines „Vergeltungsschlages" der siegreichen Ostgoten geworden waren (s.o. S. 96).

Odoaker scheint beschlossen zu haben, den im Hass gegen die Ostgoten mit ihm vereinten Sueben eine Hilfe zu schicken, Dazu benutze er die Reste des s a r m a t i s c h e n Stammes der T u r k e r e r , die sich ihm angeschlossen und auf seinem Zug nach Italien begleitet hatten. Ein paar Jahre zuvor waren sie in ihrer damaligen Heimat, dem südlichen Serbien, von den verfeindeten Ostgoten angegriffen worden, angeblich von dem jungen Königssohn Theoderich, als er von der ehrenhaften „Geiselhaft" beim oströmischen Kaiser in Konstantinopel in seine Heimat zurückkehrte. Das berichtete jedenfalls der schon mehrfach erwähnte Goten-Historiker Jordanes.

Diese Turkerer hatten natürlich nichts mit den späteren T ü r k e n zu tun, die erst viele hundert Jahre später, und dann auch in Kleinasien, in der Geschichte auftauchten. Doch die ahnungslosen Übersetzer der frühmittelalterlichen lateinischen Texte ins Deutsche im späten 19. Jahrhundert, aus denen die

---

[37] ausführlich beschrieben im Buch „Bevor es Deutschland gab", Kap. 20, „Das Ende der römischen Herrschaft an der Donau", S. 319 ff.

obigen Informationen stammen, machten ganz einfach „Türken" daraus – und kein „berufener" Historiker hat's gemerkt !

Die Reste dieses Sarmatenstammes, die vorher wohl in der Nähe des heutigen Belgrad gesiedelt hatten, waren zu einem Teil des Heeres geworden, das Odoaker nach Italien führte. Nun, als dieser Heerführer dort seine Macht gesichert hatte, um das Jahr 480, schickte er die Reste der Turkerer in die Provinz Raetia; sie sollten sich dort neben und zwischen den Sueben ansiedeln und ihnen helfen, falls erneute Angriffe der von allen gemeinsam gehassten Ost-Goten erfolgen sollten [38].

Belege dafür sind wieder einmal – neben anderen, hier nicht erwähnten – die so vielsagenden „Pferdegräber" zwischen Stuttgart und Augsburg, südlich, aber auch n ö r d l i c h der oberen Donau - - und die „Sprachgrenze", die aufmerksame Schwaben und Alemannen noch heute zwischen ihren Dialekten feststellen können. Bei Donzdorf (nahe Schwäbisch Gmünd) wurden etliche solcher Pferdegräber gefunden – und unmittelbar benachbart liegt die Burg Hohenstaufen, die Stammburg des danach benannten Kaisergeschlechts (s. dazu im Nachwort S. 203).

Der Sarmatenstamm der Turkerer scheint als Abzeichen einen in schwarzer und gelber Farbe längs geteilten Mantel benutzt zu haben, später die Farben Schwarz und Gold der Kaiserfamilie der Hohenstaufen ! Und mit ihnen scheinen noch Reste eines sonst unbekannten Sarmatenstames gekommen zu sein, dessen Adlige ein Quadrat aus vier schwarz-weißen „Schach-Würfeln" als Abzeichen benutzt haben dürften.

---

[38] In romanhafter Form beschrieben und anschließend ausführlich belegt im Buch „Deutschlands unbekannte Jahrhunderte", Kapitel 11 „Aus Turkerern und Sueben werden Schwaben", S. 147 ff., sowie ausführlicher im Buch „Die Schwaben".

Dieses Buch möchte ja die wichtigsten Wandlungen im g a n z e n Gebiet des heutigen Deutschlands in den Zeiten beschreiben, der die einzelnen Kapitel gewidmet sind. Daher ist jetzt auch ein Blick auf den Norden und Osten notwendig.

Im Hinterland der Nordsee scheint es so gewesen zu sein, dass die F r i e s e n sich langsam in einem schmalen Küstenstreifen nach Osten und Norden ausdehnten, immer getrieben von der noch andauernden Landsenkung unmittelbar an der Nordseeküste. Helgoland und die anderen „n o r d friesischen" Inseln (Sylt, Amrum, Föhr...) dürften in dieser Zeit ihre friesische Bevölkerung erhalten haben.

Landeinwärts zwischen den Mündungen der Weser und der Elbe und in Holstein (nördlich der Elbe) zogen die (Alt-) - S a c h s e n ganz allmählich weiter nach Süden, soweit sie nicht zur gleichen Zeit nach der Insel Britannien auswanderten. Sie dürften dabei die nur noch ganz spärlichen Reste früher dort lebender Germanen „überschichtet" haben, d.h. ihnen ihre Sprache beigebracht haben, Da aber auch die vorher dort lebenden Menschen wohl überwiegend bereits germanisch sprachen, wird der Wandel nicht als besonders einschneidend empfunden worden sein. Wie weit die „Sachsen" dabei in dieser zweiten Hälfte des 5. Jahrhunderts nach Süden vorgerückt waren, lässt sich bis heute nicht klar feststellen. Den Süden des heutigen Niedersachsen sowie Westfalen werden sie offenbar damals noch nicht erreicht haben.

In dieser Region lebten zu dieser Zeit andere Stämme (oder winzige „Völker") mit germanischer Sprache. Und bei ihnen, den „Hunen", „Wilzen" und anderen, gab es Dichter-Sänger („Skops"), die in ihrer „früh-niederdeutschen" Sprache „Heldenlieder" dichteten und bei ihren Reisen über Land auf den Adelshöfen vortrugen. Im Laufe der Zeit wurden es immer mehr solcher Lieder, und dank des guten Gedächtnisses der Sänger sammelte sich in ihren Köpfen bald ein große Zahl von „Maeren" (mittelhochdeutsch: Berichte über vergangene Zeiten), und dieses Repertoire wurde dann an Söhne oder andere Nachfolger weitergegeben.

Die „Heldenlieder" beschrieben wichtige Ereignisse aus der Welt der Adligen in dieser Region Nordwestdeutschlands, recht realistisch, aber natürlich aus der Sicht der „Helden". Solche „Heldenlieder", einige davon ziemlich sicher bereits aus der 2. Hälfte des 5. Jahrhunderts, sind „Kerne" von oft viel längeren Erzählungen, die in der schon mehrfach erwähnten Thidrekssaga gesammelt sind. Sie wurden über viele Generationen immer nur mündlich weitergegeben und je nach Bedarf „aufgehübscht" und dem Geschmack der Zuhörer, inzwischen Jahrhunderte von der „Urfabel" entfernt, ausgestaltetet. Erst im frühen 11. Jahrhundert wurden alle diese „Maeren" wohl in alt-niederdeutscher Sprache zu Pergament gebracht. Doch ist eine solche S c h r i f t fassung nicht erhalten.

Im Nord o s t e n Deutschlands, im heutigen Mecklenburg-Vorpommern, (Hinter-) Pommern und Brandenburg und östlich davon, scheint die Zahl der bisher germanischen Bewohner immer kleiner geworden zu sein. Wahrscheinlich kamen von Südschweden einige Einwanderer nach. Doch insgesamt muss das ganze Land damals außerordentlich menschenarm gewesen sein.

Weiter südlich davon, in dem großen Becken, das vom Erzgebirge, dem Bayerischen und Böhmerwald umgeben ist, hatten in früheren Jahrhunderten die germanischen Markomannen gelebt, sie scheinen sich zum Teil nach Süden, ins heutige Bayern, und zum Teil nach Ungarn – dorthin möglicherweise unter dem neuen Namen Sueben – ausgedehnt zu haben. Im heutigen Mähren (östlicher Teil des jetzigen Tschechien) und in der Slowakei lebten seit einiger Zeit Germanenstämme wie die Rugier und die Heruler, bis zum Nordufer der Donau, die ja auch hier den Römern als „Limes" diente. Und die germanischen Langobarden waren auf ihrem Jahrhunderte dauernden langsamen Zug von der unteren Elbe inzwischen auch in Mähren angekommen.

Warum gerade in dieser Zeit so viele Menschen, vorwiegend Germanen, auf Wanderschaft waren, ist bis heute noch nicht überzeugend beantwortet worden. Die Historiker streiten sich noch darum. Allein am schlechten Klima (das auch nicht überall gleich war), kann es nicht gelegen haben.

Das alles ist für heutige Leser sehr verwirrend: Menschen mit s l a w i s c h e r Sprache, die heute dort wohnen, gab es damals in diesen Gegenden, wo sich so viele Germanen bewegten, also westlich von Weichsel und den westlichen Karpaten, allerdings überhaupt noch nicht !

Und wie war es am Rhein, dem einstigen Limes des Römerreiches, und weiter westlich davon ? Nach dem Zug Attilas nach Gallien und wieder zurück (451) scheinen in den Provinzen Nieder- und Ober-Germanien alle Menschen, die sich als „Römer" fühlten und Institutionen des Reiches verkörperten, geflüchtet zu sein. Sie hatten Angst vor neuen Plünderungszügen, die nun vielleicht auch die Gegenden um Köln und weiter nördlich davon erreichen könnten. So gab es hier inzwischen keine römischen Provinzgouverneure mehr, keine ihrer Beamten, keine Steuereintreiber und kaum noch Priester und Bischöfe der christlichen Kirche. Und es gab auch keine Soldaten mehr, die zwar ohnehin schon längst keine Römer mehr waren, aber in römischem Sold das Land verteidigen sollten. Die Soldzahlung hatte ja auch längst aufgehört !

In Köln, der größten römischen Stadt an der Rheingrenze, lebten allerdings immerhin noch ein paar tausend Menschen, von denen sich die reicheren noch für Römer hielten. Aber römische Bürgermeister oder andere Behörden existierten hier nicht mehr. Vielleicht aber doch ?

Plausible Vermutungen sprechen dafür, dass um das Jahr 442 – also noch v o r Attilas Zug – eine kleine Gruppe von s a r m a t i s c h e n Soldaten in Köln einzog und „im Namen des römischen Kaisers" die Herrschaft in dieser Stadt übernahm. Angeführt wurden sie wohl vom ältesten Sohn des oben erwähnten sycambrischen Fürsten Chlodio, Sigimer. Der hatte sich vermutlich im Streit mit seinem Stiefbruder Merowech vom Draco der Sycambrier losgesagt und war mit einer kleinen Schar seiner Gefolgsleute nach Köln gezogen, um dort ein eigenes Herrschaftsgebiet zu gewinnen. Er war ja kein Feind der Römer, und die hilflosen Einwohner Kölns mussten nun ihm und seinen Soldaten Steuern zahlen, so wie sie es bisher an die römischen Behörden hatten tun müssen [39].

Noch viel weiter im Westen, in der einstigen römischen Provinz Belgica I, war nach Attilas Zug die Lage nicht viel anders. Diese Provinz reichte im Norden nur noch bis zum Unterlauf der Maas und zur wichtigen Römerstraße, die seit alten Zeiten vom Englischen Kanal (bei Boulogne) bis nach Köln reichte. Auch hier waren die „Römer" inzwischen geflüchtet, also alle Menschen, die ein gewisses Vermögen besa-

---

[39]   Plastisch beschrieben und näher begründet im Buch „"Deutschlands unbekannte Jahrhunderte", Kap. 6: „Kölns Weg aus dem Römerreich in eine neue Zeit", S. 87 ff.

ßen oder Ämter in der einstigen römischen Verwaltung und der christlichen Kirche innegehabt hatten.

Übrig geblieben waren nur im Kastell Fanum Martis nahe der unteren Schelde die sarmatischen Soldaten der Sycambrier. Sie fühlten sich zwar nicht als Römer, aber sie hatten – und das viele Generationen lang ! – den römischen Kaisern ein Gefolgschaftsgelübde abgelegt. Das war von römischer Seite nicht aufgekündigt worden, also gab es auch von ihnen aus keinen Grund, ihrem Schwur untreu zu werden.

Aber sie merkten im Lauf der Zeit immer mehr, dass sie offenbar in weitem Umkreis die einzigen „Römer" geworden waren, oder vielmehr die einzigen Menschen, die noch in irgendeiner Form die einstige Macht des Imperiums verkörperten. Ganz allmählich und unauffällig fiel ihrem Anführer, dem „König der Sycambrier", die Rolle auch eines „Landesverwalters" zu.

Das kostete Geld, und so versuchte dieser König, bei den verbliebenen einfachen Leuten, den Colonen und den kleinen Handwerkern, Kaufleuten und anderen in den Kleinstädten, Steuern dafür einzuziehen. Doch das funktionierte nicht, denn es gab kaum noch Münzgeld in dieser Provinz. Das hatte die kleine Schicht der Reichen bei der Flucht in weniger gefährdete Regionen mitgenommen. Das Römerreich hatte zwar eine auf Münzumlauf beruhende „reichs-weite" Volkswirtschaft, aber noch lange kein „Giralgeld", das auch ohne Münzen Geldzahlungen ermöglicht. Die Menschen mussten wieder zu einer Tauschwirtschaft zurückfallen, wie zu Zeiten, bevor es Geldmünzen gab.

Den Königen Merowech und Childerich war so ohne jeden Kampf und ohne dass sie das überhaupt wollten, die Herrschaft über ein kleines „Reich" ganz im Norden des damaligen Gallien zugefallen.

Südlich davon existierte zwischen den Jahren 470 und 486 im heutigen Frankreich ein Rest des „Römerreichs", bedrängt und gefährdet durch die inzwischen recht mächtigen Königreiche der Westgoten (Südwest-Frankreich) und Burgunder (Südost-Frankreich) im Süden. Allerdings lagen wichtige Städte wie Paris, Reims, Orleans und Tours in diesem breiten Streifen, in dem ein „Römer" namens Ägidius die Macht innehatte. König Childerich, der gerne mit seinen Soldaten auf Kriegszug ging, war mit diesem Ägidus befreundet und verbündet, wenn er auch keinen Gefolgschaftseid auf ihn abgelegt hatte. Er half ihm bei den vielen Einfällen fremder Räuber in sein „Reich".

Im Jahr 482 starb König Childerich, und sein erst 16-jähriger Sohn Chlodwig folgte ihm auf dem Thron der Sycambrier nach. Er ließ seinem Vater ein überreiches Begräbnis nach s a r m a t i s c h e r Art bereiten, dessen Reste im belgischen Tournai bereits 1653 ziemlich sorgfältig ausgegraben und beschrieben wurden. Nicht nur ein Pferd wurde ihm geopfert, sondern insgesamt 21 ! Dazu wertvolle Waffen, Goldmünzen und ein Prunkmantel, den der oströmische Kaiser als eine Art Orden dem langjährigen Verbündeten der Römer hatte schicken lassen.

Für kurze Zeit setzte der junge Chlodwig das Bündnis mit dem südlichen Nachbar-Reich fort, in dem inzwischen auch der Sohn des Gründers, ein gewisser Syagrius, die Macht übernommen hatte. Doch bald zerstritt er sich mit dem – oder war es nur die Folge des skrupellosen Machtwillens, den Chlodwig im Laufe seines Lebens immer ausgeprägter zeigte ?

Im Jahr 486 jedenfalls überfiel Chlodwig mit seinen Truppen plötzlich das Land des Nachbarn und eroberte es in kurzer

Zeit. Auch der einstige Machthaber Syagrius geriet in die Hände Chlodwigs; über sein weiteres Schicksal schweigt die zeitgenössische Geschichtsschreibung.

Dem jungen König Chlodwig gehörten nun große Gebiete mit vielen reichen Städten und vielen „Römern", mit noch halbwegs funktionierender römischer Verwaltung und anderen „Vorzügen" der römischen Herrschaft. Mit seinen paar sarmatischen Reitern konnte er dieses (für seine Verhältnisse) riesiges Gebiet nicht mehr überwachen und beherrschen.

Doch da gab es im Land noch zehntausende einstiger „römischer" Soldaten, germanische Söldner mit ihren Familien, die oft schon seit zwei oder drei Generationen hier lebten und das Land vor Eindringlingen schützen sollten, die aber nie gekommen waren. Mit gewisser Furcht, aber auch Verachtung nannten die „Römer" im Lande diese Fremden „Franken".

Als sich der Sarmate Chlodwig nun zum „König der F r a n k e n" ausrufen ließ, konnte er sich die begeisterte Unterstützung all dieser bisherigen „Underdogs" sichern ! Jetzt waren die „Franken" genauso „Mit-Träger" der Königsherrschaft eines großen Reiches, wie es die Krieger der Goten und der Burgunder in den benachbarten Königreichen im einstigen Gallien waren. Und sie waren nunmehr „Herren" und durften nicht mehr verachtet werden.

Diese Vorgänge mussten hier erzählt werden, obwohl sie sich ja nicht im Gebiet des heutigen Deutschland ereigneten. Aber ohne dieses Wissen würde der Leser nicht verstehen, was sich im nächsten Jahrhundert hier bei uns abspielte.

Und noch ein anderes Ereignis, etwa gleichzeitig mit dem Aufstieg Chlodwigs zum „König der Franken", war später für das Gebiet des späteren Deutschland von großer Wichtigkeit, obwohl auch dieses ganz woanders eintrat, nämlich in den Weiten der ungarischen Puszta. Im Jahr 488 sammelte der junge o s t -gotische König Theoderich nach dem Tode seines Vaters sein Volk – oder besser das „ostgotische Heer" mit seinem familiären Anhang – zum Abzug aus den so lange beherrschten Wohngebieten seines Volkes. Er führte es um den Südostabhang der Alpen herum nach Norditalien. Das galt immer noch als reiches Land, und vor allem herrschte dort bisher sein Todfeind, der Skire Odoaker.

In Kämpfen, die mehrere Jahre dauerten, besiegte er diesen schließlich und trieb ihn in die so schwer zu erobernde alte kleine Kaiser-Hauptstadt Ravenna. Doch im Jahr 493, nach zweijähriger Belagerung (und geheimen Verhandlungen) kapitulierte Odoaker schließlich - und wurde schon am nächsten Tag vom Sieger Theoderich niedergestochen ! Nun gehörte ganz Italien den Ostgoten.

Wieder muss jetzt von Vorgängen berichtet werden, die sich zur gleichen Zeit weit w e s t l i c h des heutigen Deutschland abspielten. Der „fränkische" König Chlodwig brauchte zwar die „fränkischen" Krieger in seinem Reich im alten Gallien – aber so viele nun wieder auch nicht. Eine Bedrohung von außen war weit und breit nicht zu sehen. Aber die Leute konnten in anderer Weise für ihn sehr nützlich sein. So schickte er viele dieser Kriegerfamilien, die das wollten, auf den Weg in den Osten seines Reiches, bis an den Rhein und noch weiter. Dort, in den inzwischen so menschenarm gewordenen Gebieten, sollten sie sich als freie „Königsbauern" niederlassen. So würden sie unbehelligt ihren Lebensunterhalt erarbeiten können und zugleich dem König Land zubringen, denn sie hatten ihm ja einen Gefolgschaftseid geschworen. Nach der damaligen Rechtsansicht unter Germanen stand das Land solcher „Königsbauern" unter der Oberherrschaft ihres Königs.

Ein kleines „Land" mit einem selbst ernannten „König" und ein paar Dutzend germanischen Kriegern und ihren Familien war auf der Ostseite des „Kohlenwaldes" im heutigen Belgien u n a b h ä n g i g von Chlodwig und seinen „Franken" entstanden. Es lag in der heutigen belgischen Landschaft Hesbaye (Haspengau) westlich von Lüttich an der mittleren Maas und verdankte seine Entstehung einem geradezu kuriosen Ereignis, wie es das wohl nur in jenen Zeiten ohne jede übergeordnete „Verwaltungsmacht" geben konnte.

Ein junger Ritter namens Samson, Sohn eines (germanischen) Befehlshabers eines römischen Wachtturms (Kleinkastell) an der Maas, verliebte sich in die Tochter seines Vorgesetzten. Der war ebenfalls Germane und daher in römischem Munde „Franke". Schon dessen Großvater war im römischen Auftrag „Herr über 13 gemauerte Schlösser" (= Wachttürme) dort in der Hesbaye gewesen. Samson entführte das junge Mädchen in das große Waldgebiet in der Nachbarschaft, wohl nicht unbedingt gegen deren Willen. Einen Versuch des empörten Vaters, die Tochter dort zu befreien, konnte der tüchtige Samson abwehren und dabei sogar seinen „Schwiegervater" erschlagen. Auch ein zweiter Versuch scheiterte, den Entführer zu überwältigen. Inzwischen hatten sich wohl einige abenteuerlustige junge Männer zu ihm in den Wald durchgeschlagen.

Nun trat Samson zum Gegenangriff an und wurde bei seinem Zug durchs Land von den Leuten dort begeistert begrüßt und zum König ausgerufen ! So steht es am Anfang der langen Thidrekssaga, die in diesem Buch ja schon oft erwähnt wurde.

Der Rest der „Samson-Geschichte" muss so kurz wie möglich berichtet werden [40]. Das „Reich" des Königs Samson wurde durch den schwer passierbaren „Kohlenwald" vom Herrschaftsgebiet des neuerdings so starken Chlodwig getrennt. Sich dem unterzuordnen, hatte Samson keine Lust. Aber eines Tages erfuhr er von Plänen seines mächtigen Nachbarn, auch die kleinen, bisher noch unabhängigen „Reiche" im Osten zu annektieren. Nördlich des „Samson-Reiches" gab es nämlich noch ein kleines „Königreich der Thüringer", entstanden aus Resten ehemaliger römischer Söldner aus Thüringen.

Statt sich eine Schlacht mit dem überlegenen König Chlodwig zu liefern, flüchtete „König" Samson mit „Mann und Maus" von der Maas weg, nach Osten ins „alte" Germanien. Im inzwischen längst in Trümmern liegenden römischen Kastell Bonna am Rhein traf er einen Gefolgsmann des Kölner Machthabers Sigimer mit einer noch kleineren Kriegerschar als seiner eigenen. Dieses Castrum Bonna nahm Samson nun ein und übergab es seinem Sohn Dietrich. So kam dieser Sohn zu einem eigenes „Königreich" – und später zu dem berühmten Namen „Dietrich von Bern".

Dieser „Dietrich von Bern" war dann eine der Hauptpersonen in der Thidrekssaga, eine wichtige Nebenperson im mittelh o c h deutschen Nibelungenlied und wieder Hauptperson in mehreren, nicht so bekannten anderen Heldenepen in mittelhochdeutscher Sprache. Interessanterweise trug Bonn im Mittelalter lange den lateinischen Namen „Verona", was im Mit-

---

[40] ausführlicher dargestellt und näher begründet im Buch „Deutschlands unbekannte Jahrhunderte", Kap. 12: „Einwanderung von der Maas an den Rhein" , S. 165 ff.

telhochdeutschen „Bern" hieß. Diese merkwürdigen und h i s t o r i s c h e n Zusammenhänge zwischen der Thidrekssaga und der realen Geschichte können hier nur angedeutet werden.

Vermutlich hat der neue Frankenkönig Chlodwig das winzige Land seines Nachbarn und gleich noch das der ja angeblich verwandten Thüringer (nördlich der Maas) ohne jeden Kampf seinem wachsenden Reich angegliedert.

Noch eine andere „Abrundung" seines Reiches betrieb König Chlodwig in diesen Jahren. Seit fast einem halben Jahrhundert hatten Vettern von ihm, Söhne des Königs Chlodio und Brüder von Merowech, drei kleine, praktisch unabhängige, Königreiche im Nordteil Galliens „regiert", in Cambrai (Cameracum) und Arras (Arelatum) sowie in Köln (s.o.S. 103). Wie Chlodwig die dortigen Könige mit moralischer Skrupellosigkeit ausschaltete, beschrieb hundert Jahre später der „Frankenhistoriker" Gregor von Tours in naiver Harmlosigkeit und heute sehr zu bedauernder Kürze.

Einen „Volksstamm" mit germanischer Sprache hatte König Chlodwig besonders „aufs Korn genommen". Das waren die Alemannen. Diese Menschen waren bereits in breiter Front über den Oberrhein gekommen. Noch bis in die jüngere Gegenwart sprachen viele Menschen im Elsass, also westlich des Oberrheins und schon seit längerem zu Frankreich gehörend, eine alemannische Mundart. Und von dort aus hatten sich die Alemannen weiter nach Westen ausgedehnt. Über das Plateau von Langres bis an die obere Marne und in der späteren Provinz Lothringen siedelten zu Chlodwigs Zeiten Alemannen. Diese Fremden bedrohten sein Reich, sie mussten daher vertrieben werden.

Eine Schlacht, die Chlodwig mit seinen Truppen gegen die Alemannen austrug, hatte ungewollt außerordentliche Auswirkungen auf die gesamte europäische Geschichte. Was der Bischof Gregor von Tours in seiner „Fränkischen Geschichte" (aufgrund ausschließlich mündlicher Informationen) darüber neunzig Jahre später schrieb, treibt noch heute Geschichtsforscher zu völlig gegensätzlichen Behauptungen.

Eine Kontroverse betrifft den O r t dieser Schlacht. Im Text des gallischen Bischofs (oder besser in den handschriftlichen Abschriften seines Werkes im Frühmittelalter) ist die Rede von einem Ort „Tulbiacum oppidum", in dessen Nähe die Schlacht zwischen dem Frankenkönig Chlodwig und den Alemannen stattgefunden habe. Doch deutsche Historiker seit 200 Jahren lasen diesen Namen als „Tolbiacum". Das war nun endlich ein Ort, der auf d e u t s c h e m Gebiet lag, ein römische Pferdewechselstation 40 Kilometer südwestlich von Köln, das heutige Städtchen Zülpich. Dass in Wirklichkeit die Schlacht wohl bei der Stadt Toul in Lothringen stattgefunden hat, an der oberen Mosel, nehmen die heimatstolzen Zülpicher und die ihnen folgenden Historiker lieber nicht zur Kenntnis [41].

Umstritten ist auch das J a h r dieser Schlacht, in der Chlodwig siegte, die welthistorische Folgen hatte, nämlich die Taufe Chlodwigs als katholischer Christ. Im Jahr 1995 kam sogar der Papst zum angeblichen 1500. Jubiläum dieses Ereignisses nach Reims. Inzwischen glauben Historiker, dass diese

---

[41] In romanhafter Form, dennoch exakt dem vermutlich historischen Ablauf folgend, ist die Schlacht beschrieben im Buch „Die Könige mit den langen Haaren", Kapitel 16: Die Schlacht bei Tulbiacum, S. 360 ff. Siehe auch Kap. II.18: Die Bekehrungs-Legende und der Ort der Schlacht bei Tulbiacum, S. 2ßß ff., im Buch „Die Ahnen der Merowinger und ihr ‚fränkischer' König Chlodwig".

Taufe erst im Jahr 506 stattfand. Doch weltbewegende Folgen hatte das J a h r nicht, in dem die Taufe tatsächlich stattfand.

Nicht einmal der Sieg Chlodwigs war das entscheidende Ereignis, sondern die darauf folgende Taufe Chlodwigs als (katholischer) Christ. Gregor von Tours beschreibt den Vorgang wie eine christliche Legende (die der Text auch in Wirklichkeit war): Chlodwig sei in der Schlacht in Not geraten und habe darauf den Christengott angerufen: Wenn der ihm helfe, wolle er sich als Christ taufen lassen. Gott half, und das Versprechen musste nun erfüllt werden. Das hat die Kirche, das haben die Menschen im Frankenreich und das haben auch alle Historiker bis heute fest geglaubt.

Doch in der historischen Realität muss das erheblich anders zugegangen sein. Allem Anschein nach ist dem Akt der Taufe ein jahrelanges hartes Ringen zwischen König Chlodwig und der kleinen Zahl von katholischen Bischöfen in seinem „Reich" vorangegangen. Nicht, dass Chlodwig eigentlich gar nicht Christ werden wollte ! Er hatte überhaupt nichts gegen diesen Glauben, der längst Staatsreligion im gesamten römischen Reich geworden war. Er war zwar bestimmt kein „frommer" Mann, der Jesu Mahnung „Liebe deine Feinde !" ernst genommen hätte. Aber aus Gründen der Zweckmäßigkeit war es nun, wo Chlodwig Herr über mehrere hunderttausend „Römer" (und Katholiken !) geworden war, angebracht, diesen Schritt zu vollziehen.

Doch die B i s c h ö f e , die mit dem König verhandelten, müssen es gewesen sein, die sich jahrelang mit Händen und Füßen gegen eine Taufe ihres Königs wehrten ! Denn der behauptete ja von sich, leibhaftiger Nachkomme von Jesus zu sein, dank seiner Urgroßmutter, der zweiten Frau Chlodios. Und das sollte nach Chlodwigs Willen auch nach der Taufe gelten. Doch das hätte die gesamte christliche Kirche zum Einsturz gebracht.

Die „Sekte" der „Nazoräer", die unmittelbar nach Jesu Tod am Kreuz entstand und sich aus Menschen zusammensetzte, die angebliche (oder wirkliche?) leibliche Nachkommen Jesu als ihre Anführer verehrten, wurde von den Jüngern Jesu, den Aposteln, und ihren Nachfolgern, den Bischöfen, als größte Bedrohung angesehen. Jesus, nach christlicher Ansicht der „Sohn Gottes", konnte keine Kinder auf dieser Welt gehabt haben. Die wären ja dann die natürlichen Anführer der entstehenden christlichen Kirche gewesen - - und nicht die Bischöfe !! Das erklärt, warum diese „Nazoräer" noch viel härter verfolgt wurden als alle anderen christliche Sekten, und warum jede, aber auch jede Andeutung vermieden werden musste, Jesus könne verheiratet gewesen und Kinder gehabt haben [42].

Und doch sehnte sich die gesamte katholischen Kirche im einstigen Römerreich danach, dass sich der neue „starke Mann in Gallien", König Chlodwig, endlich zu ihr bekennen würde, so dringlich, wie ein Verdurstender nach Wasser lechzt. Denn überall, wo einst die weströmischen Kaiser geherrscht hatten, waren nun Germanenkönige die Herren: In Nordafrika die Vandalen, in Nordportugal die Sueben, in Gallien und Teilen Spaniens die West-Goten und die Burgunder und nun auch noch in Italien die Ost-Goten.

Dort unterdrückten diese neuen Herren die „Römer" zwar gar nicht - - aber sie waren „Ketzer", weil sie der „abscheuli-

---

[42]   Im Buch „Die Ahnen der Merowinger und ihr ‚fränkischer' König Merowech", Kap . II. 11 und 12, S. 148 ff. , wird das recht langlebige Bestehen einer Sekte der Nazoräer und ihre Auswirkungen auf die „rechtmäßige" christliche Kirche ausführlich beschrieben und begründet und mit Quellen, auch aus dem Altertum, belegt.

chen Lehre" des Bischofs Arius folgten, nach der Jesus gar nicht „gottgleich", sondern „nur" der „Sohn Gottes" sei (s.o. S. 51) . Die Vorfahren aller dieser germanischen Könige und Völker hatten ja vor über 200 Jahren noch im Nordteil der Balkanhalbinsel gelebt, und dort waren sie einst von einem Bischof aus dem Goten-Volk, Wulfila, zum Christentum geführt worden – leider zum „falschen", der Lehre des Bischofs Arius.

Die kleine Schar katholischer Bischöfe, die jahrelang im Geheimen mit König Chlodwig um dessen von b e i d e n Seiten (!!) gewünschten Beitritt zur „katholischen" Kirche rang, steckte in einem schrecklichen Dilemma. Schließlich muss man doch zu einem „Deal" gefunden haben. Er dürfte so ausgesehen haben:

- König Chlodwig verzichtete für sich und alle seine Nachkommen auf die Behauptung, er sei ein blutsmäßiger Nachkomme des Religionsgründers Jesus.

- Die ihm (und seinen Nachkommen) angeblich innewohnende „Zauberkraft" wurde nicht bestritten; „Wunder" galten (und gelten bis heute) in der Katholischen Kirche als Teil des christlichen Glaubens.

- Umgekehrt musste die Kirche mithelfen, jede Erinnerung daran zu tilgen, dass Chlodwig eigentlich sarmatischer Abstammung war und bis vor kurzem „Sycambrier" genannt worden war. Chlodwig wollte jetzt nichts anderes als „König der Franken" sein, und ebenso seine Stammväter seit vielen Generationen.

- Dieser „Deal" musste jetzt und in aller Zukunft streng geheim gehalten werden.

Die auf Grund dieser geheimen Übereinkunft schließlich erfolgte katholische Taufe des Frankenkönigs Chlodwigs (vermutlich im Jahr 506) bedeutete eine unwiderrufliche Weichenstellung für Europa in den nächsten Jahrhunderten. Dabei ist gleichgültig, w a n n genau sie vollzogen wurde, und es ist auch nicht ganz sicher (und auch nicht entscheidend), ob es wirklich der Bischof Remigius gewesen war, der die Taufe vollzogen hat, wie „alle Welt" bisher geglaubt hat.

Der von Gregor von Tours überlieferte Taufspruch scheint historisch zu sein, aber dann war er eine versteckte Warnung oder gar Drohung für den Täufling: „Beuge mild deinen Nacken, Sycambrer, verehre, was du verbrannt hast, verbrenne, was du verehrt hast". Zur Zeit der tatsächlich vollzogenen Taufe wusste schon niemand mehr, dass der König aus einer Familie der Sycambrier stammte – bis auf den winzigen Kreis der eingeweihten Bischöfe und ein paar Adlige aus dem Kreis der einstigen Panzerreiter. Dann konnte die erneute Nennung nur bedeuten, dass Chlodwig ganz diskret an sein Versprechen erinnert werden sollte, seine angebliche leibliche Abstammung vom Menschen Jesus n i e mehr zu erwähnen. Sonst wären die Bischöfe gezwungen, i h r Wissen zu veröffentlichen, dass Chlodwig gar keine „fränkischen" Vorfahren hatte [43].

Nicht die Aufklärung des hier (und in den angeführten Büchern) beschriebenen I n h a l t s des „Deals" ist eine „Sensation". Vermutlich hat es noch manche ähnliche folgenreiche Übereinkünfte in der Weltgeschichte gegeben. Und es hätte

---

[43] Die vermutlich dramatischen Verhandlungen zwischen Chlodwig und den Bischöfen und ihr Ergebnis werden im Buch „Die Vorfahren der Merowinger und ihr ‚fränkischer' König Chlodwig", Kap. II.19 -21 , S. 211 ff., ausführlich dargestellt und die Folgerungen mit zahlreichen Belegen begründet.

durchaus schon längst Historiker geben können, die die v o r -
h a n d e n e n Quellen genauer hätten betrachten und von
ihnen zum gleichen Schluss hätten geführt werden können.

Der Autor dieses Buches betrachtet es jedoch als historisches Versäumnis ersten Ranges, dass genau dies seit ander-
thalb Jahrtausenden n i c h t geschehen ist, bis heute. Denn
dadurch ist der Geschichtswissenschaft in ganz Europa bis
zum heutigen Tag der Blick verwehrt auf bestimmte wichtige
historische Vorgänge in unseren Erdteil, und vor allem auch in
unserem Land D e u t s c h l a n d !

Gregor von Tours vermerkt in seiner üblichen Kürze, der
Taufe des Königs seien 3000 seiner „Franken" gefolgt. Das
war der eigentliche Kern dessen, worauf die Bischöfe in Nord-
Gallien gehofft hatten. Wie sehr die Kirche dieses Ereignis
schätzte, lässt sich an dem ziemlich überheblichen Titel able-
sen, den alle französischen Königsgeschlechter n a c h den
Karolingern führen durften: „Allerchristlichster König". Sie
alle, bis zu den Bourbonen, leiteten ihre Herkunft von den Königen der Merowinger ab.

Ein Jahr nach dieser denkwürdigen Taufe gelang König
Chlodwig und seinem Heer ein wichtiger Sieg. Er konnte ein
Heer der West-Goten besiegen (507 bei Vouillé) ; deren König
fand dabei den Tod. Damit fiel der größte Teil dieses Reiches
in Südwest-Frankreich an Chlodwig. Nur jenseits der Pyrenäen
blieb noch in Ost-Spanien ein westgotisches kleineres Reich
erhalten.

Im Jahr 511 starb König Chlodwig, mit erst 45 Jahren, doch
war ein so früher Tod in jenen Jahrhunderten gar nicht unge-
wöhnlich. Als guter Christ fand er eine in späteren Jahrhunderten verehrte letzte Ruhestätte in der Pariser Kirche St.
Denis.

Kapitel 6

Das Frankenreich dehnt sich aus –
und von Osten kommen neue Einwanderer

511 – 613 n. Chr.

Nach dem Tod des Königs Chlodwig wurde sein inzwischen groß gewordenes Reich unter seinen vier Söhnen geteilt, gemäß seinem eigenen Willen. Er wusste sicher von den Problemen, die sein Urgroßvater Chodio mit s e i n e n Söhnen gehabt hatte, die zu einer Reichsteilung geführt hatten. Und die Umstände, die zu diesem Streit geführt hatten, waren erschreckend ähnlich wie damals.

Chlodwigs ältester Sohn trug den Namen Theuderich (wahrscheinlich als The-uderich auszusprechen). Der zu seiner Geburt noch sehr junge und in Westeuropa ganz unbekannte Theoderich, der später als Ostgotenkönig den Beinamen „der Große" erhalten sollte, war gewiss nicht sein Namenpate. Der Name war vielmehr bei allen Germanenvölkern (und auch Kelten !) schon seit Jahrhunderten eine Art Ehrenbezeichnung für außergewöhnliche Söhne: er bedeutet etwa „Volksherrscher", neuhochdeutsch „Dietrich").

Chlodwigs erste Frau war mit Sicherheit Germanin, und zwar vermutlich aus dem Stamm der Sugambrer am Niederrhein und im westlichen Sauerland, zu dem ja die Fürstenfamilie der Sycambrier eine enge verwandtschaftliche Beziehung hatte (s.o. S. 76). Von dorther stammte ja auch das „erste Heil", das allen (männlichen) Mitgliedern der Merowinger-Familie innewohnte: die „Eberhaut" des Gottes Fro.

Noch ein zweites „Götterzeichen" hatten die Merowinger dieser Verbindung zu verdanken, nämlich das lange „gelockte" Haar aller Männer. In diesen Haaren steckte angeblich die geheime Zauberkraft, die den Männern der Merowinger-Familie innewohnen sollte. Bei Chlodio wurde sein Haar erstmals in alten Quellen erwähnt, später auch bei verschiedenen Merowinger-Königen. Da ja nach der Überzeugung der Geschichtswissenschaft die Merowinger G e r m a n e n waren, mussten diese Locken natürlich blond gewesen sein; doch in Wirklichkeit waren sie schwarz, als Erbe einer fast tausend Jahre zuvor ins Land gekommenen kleinen Gruppe von S k y t h e n , den Vorgängern und Vorfahren der Sarmaten (s.o. S. 10).

Es gab noch ein Drittes, was die Merowingerkönige von ihren sugambrischen Urahnen übernahmen, kein „Bluterbe", aber eine zweckmäßige Einrichtung. In der sauerländischen Heimat (und später auch am Niederrhein) hatten die Fürsten der Sugambrer einen kleinen „Hofstaat" um sich, wahrscheinlich aus Adelsfamilien. Nun galt das auch für die fränkischen Könige in Gallien.

Die „Chefs" dieser Familien hatten bestimmte Aufgaben zu erfüllen, vermutlich waren die Ämter erblich. Da gab es einen „Verwalter des Schatzes", einen „Mundschenk", einen „Kanzler" für das Schreibwesen (sicher ein schreibkundiger „Römer") und einen „Comes stabuli" (Stallmeister, Mareskalk/Marschall) als Befehlshaber der kleinen berittenen Leibgarde. Heute würde man diese Ämter als Minister bezeichnen. Nur einen „Ministerpräsidenten" hatten die ersten Merowingerkönige noch nicht. In späteren Generationen gab es solche Würdenträger mit dem Titel „Majordomus". Sie sollten noch eine sehr wichtige Rolle spielen. Im nächsten Kapitel wird darüber zu berichten sein.

Die drei Brüder Theuderichs waren erheblich jünger und Kinder der zweiten Frau Chlodwigs, einer Christin aus dem burgundischen Königshaus. Sie waren bereits vor Chlodwig als Kinder christlich getauft worden und hätten ohne die vom Vater verfügte Erbteilung sicher gegen ihren älteren Bruder Theuderich aufbegehrt. So kam es aber bei Chlodwigs Söhnen Chlodomer, Chlodebert und Chlothar und ihrem Bruder Theuderich zu einem relativ friedlichen Nebeneinander.

Theuderich erhielt den nordöstlichen Teil des „fränkischen" Reiches Chlodwigs, mit den Städten Reims, Metz, Trier und Köln sowie den Gebieten bis zum Rhein und darüber hinaus, deren Bewohner sich inzwischen zu Untertanen des Frankenreiches erklärt hatten: „Austrien" (oder „Austrasien"). Der Name bedeutet „Das glänzende Land". Für das Gebiet des späteren Deutschland waren dieser König Theuderich, später sein Sohn Theudebert und sein Enkel Theudebald die entscheidenden Persönlichkeiten, obwohl man nur sehr, sehr wenig über sie weiß.

Im vorigen Kapitel wurde schon angedeutet, dass sich König Chlodwig vorgenommen hatte, die Alemannen so weit wie möglich zu vertreiben. Das scheint ihm auch mit einem größeren Feldzug (nach seiner Taufe) gelungen zu sein. Im gesamten Land nördlich der Südgrenze der späteren französischen Provinz Lothringen und in der gleichen Linie weiter nach Osten jenseits des Rheins wurden alle alemannischen Siedlungen von den Franken systematisch zerstört, die Einwohner erschlagen, vertrieben oder zu Knechten gemacht. Südlich dieser Grenze bis hin zum Oberrhein bei Basel wurden alle adligen alemannischen Herren zu Gefolgschaftseiden gegenüber dem

120

Frankenkönig gezwungen. Nur einigen alemannischen Adelsfamilien gelang es, über den Lech nach Osten ins damals noch zum Ostgotenreich König Theoderichs (in Italien) gehörende Land zu flüchten [44].

Eine andere, viel friedlichere Methode, weitere Menschen und Land unter seinem Szepter zu vereinen, bestand darin, Ehen zwischen den Familien adliger Gefolgsleute des Königs und einflussreichen Fürsten oder Häuptlingen im ostrheinischen Gebiet zu stiften. Das ergab zunächst nur einen Flickenteppich der Herrschaft, der sich aber im Lauf eines Jahrhunderts immer mehr füllen konnte. Die „Herrschaft" bestand vermutlich nur darin, auf Anforderung mit einem oder zwei Dutzend Kriegern dem Gefolgschaftsherren auf Anforderung zu Hilfe zu kommen. Aber wie selten kam ein solcher Fall schon vor ? [45].

Inzwischen hatte in Italien der Ostgotenkönig Theoderich seine Herrschaft ausgebaut. Er galt nun als der „stärkste Mann in Europa". Wie alle seine Vorgänger regierte er das Land von Ravenna aus, doch die ganze Apenninen-Halbinsel unterstand seiner Herrschaft, auch Rom, das inzwischen eine halbe Ruinenstadt war. Allerdings, der Papst residierte dort, jener Bischof der katholischen Christen, der von sich behauptete, er sei das rechtmäßige Oberhaupt der christlichen Kirche. König

---

[44] Anschaulich beschrieben im Buch „Deutschlands unbekannte Jahrhunderte", Kap. 14: „König Chlodwig und die Alemannen", S. 189 ff. In dem 2013 erschienenen Buch wurde allerdings von der wahrscheinlich falschen Annahme ausgegangen, die Taufe König Chlodwigs habe im Jahr 495 stattgefunden.
[45] Siehe hierzu das Kapitel 18 „Ganz unmerklich wächst der Einfluss" (S. 231 ff.) im Buch „Deutschlands unbekannte Jahrhunderte".

Theoderich ließ ihm diesen Glauben – und seinen Untertanen in Italien den ihren auch. Aber H e r r war er, Theoderich, und er war ebenfalls Christ, wenn auch vom Glauben, den einst der Bischof Arius verkündet hatte.

Theoderich hatte ein weitgespanntes Heirats- und Bündnis-System mit anderen Königen in Europa geschaffen. Im Krieg des Franken Chlodwig gegen die W e s t goten in Südwestfrankreich kam er (allerdings etwas zu spät) seinen Verwandten zu Hilfe und konnte so die Region an der gallischen Mittelmeerküste (einst bei den Römern Provincia, heute auf Französisch Provence genannt) seinem eigenen Reich angliedern und im westgotischen Rest-Reich im heutigen Spanien entscheidenden Einfluss gewinnen. Seine Nichte Amalaberga verheiratete er mit dem damaligen thüringischen König Irminfried, dem er damit so etwas wie eine Sicherheitsgarantie gab.

Doch im Jahr 526 starb König Theoderich, und unter seinen rasch wechselnden Nachfolgern wurde das Ostgotenreich schwach. Auch die (vereinigten) Könige der Franken mussten jetzt keine Rücksicht auf dessen Macht mehr nehmen. So konnten sie gemeinsam daran gehen, sich von den verwandten Königen in Thüringen das Erbteil zu holen, das ihnen nach ihrer Meinung zustand.

Die Verwandtschaft, auf die sich ihre Ansprüche stützten, war ja gar nicht so weit entfernt: ihre Großmutter Basina stammte ja aus dem thüringischen Königshaus. Nach dem längst verstorbenen König Bisin (dem vermutlich ein Sohn gleichen Namens gefolgt war), waren nun drei Brüder in Thüringen „auf dem Thron", die sich aber wieder einmal spinnefeind waren. Der König Irminfried bat seinen „Vetter" Theuderich, ihm im Kampf gegen seinen Bruder Baderich zu helfen.

Das tat der ferne Frankenkönig sehr gerne. Mit einer ausreichend großen Schar von Kriegern rückte er von Mainz aus, das schon längst zu seinem Reich gehörte, den Main aufwärts, ging bei „Frank-furt" über den Main und dann im Tal der Kinzig nach Norden bis nach Thüringen. Im folgenden Kampf wurde Baderich getötet, aber der siegreiche Irminfried „hielt nicht sein Versprechen", dem Helfer Theuderich sein „halbes Reich" abzutreten. So berichtete ein halbes Jahrhundert später der Frankenhistoriker Gregor von Tours, wie immer in äußerster Kürze und über alle Hintergründe uninformiert (oder uninteressiert ?).

Das war nun ein ausreichender Grund für einen zweiten Kriegszug ins ferne Thüringen. Theuderich nahm diesmal seinen Bruder Chlothar und eine stattliche Kriegerschar aus dessen Land mit und lieferte seinem thüringischen Vetter Irminfried mehrere Schlachten. Da muss im Jahr 531 gewesen sein. Doch statt den Vetter glorreich zu besiegen, lieferte der sich einen längeren Partisanenkampf mit dem zahlenmäßig überlegenen fränkischen Heer und entkam schwer verwundet zu „Atta, König der Hunen" in Soest in Westfalen !

So jedenfalls behauptet es das um 1080 in Mittelhochdeutsch gedichtete „Annolied" in seinem Teil „über die Herkunft der Schwaben" [46]. Die Königin Amalaberga, eine Ostgotin, entkam nach Konstantinopel, und der wieder genesene König Irminfried führte längere Verhandlungen mit dem Frankenkönig, zu deren Abschluss er nach Tulbiacum (Toul in

---

[46] Die eingehenden Untersuchungen zu diesem ziemlich unbekannten Text sind nicht in einem Buch veröffentlicht, sondern in einem längeren Aufsatz in DER BERNER („Zeitschrift für Heldensage und Geschichte" des Dietrich von Bern-Forums e.V., Nr.. 61 (Jahrgang 15, August 2015), S. 8 ff.

Lothringen) kam, nicht etwa in Theuderichs Hauptstadt Reims !
Doch dort fand er ein Ende, indem er von einem Turm der alten römischen Stadtmauer gestürzt wurde: „man weiß nicht, von wem"… Ganz Thüringen gehörte nun den Frankenkönigen.

Die eben kurz erzählten Ereignisse sind der Nachwelt seit langem bekannt, wenigstens in Umrissen, denn Gregor von Tours berichtete davon, allerdings nicht von „Atta, dem Hunenkönig". Der war natürlich n i c h t „Attila der Hunnenkönig", sondern ein germanischer Kleinkönig in einem Teil Norddeutschlands, in den sich der Einfluss der Frankenkönige noch nicht ausgedehnt hatte. Und er ist eine wichtige Figur in der schon mehrfach erwähnten „Thidrekssaga". Sein möglicher Zusammenhang mit dem sicher historischen Thüringerkönig Irminfried ist leider bisher noch nicht befriedigend erklärt worden.

Der modernen Geschichtsforschung mehr oder weniger unbekannt sind jedoch Ereignisse im Gebiet des späteren Deutschland, die sich nur wenige Jahre später abspielten, aber langfristige und tiefgreifende Folgen für die weitere Geschichte unseres Landes hatten.

Im Jahr 535 muss sich in Indonesien ein Vulkanausbruch ereignet haben, der wohl der gigantischste war, der die Erde in den letzten paar tausend Jahre heimgesucht hat. Fast gleichzeitig brach auch in Mittelamerika ein anderer Vulkan mit ähnlicher Stärke aus, und die aus beiden Feuerbergen ausgestoßene Asche und schwefelhaltigen Eiskristalle vereinigten sich zu einer ungeheuren Wolke, die den ganzen Erdball einhüllte – und zwar ständig und für mehrere Jahre.

Anhaltende Dürre- und Kälteperioden, dazwischen aber auch Sturmfluten und verheerende Staubstürme müssen mehr oder weniger alle Erdteile heimgesucht haben. Hungersnöte und Epidemien, unter anderen eine „Pest" genannte hoch ansteckende Krankheits-Pandemie in Süd- und West-Europa, waren die Folge. Festgefügte Reiche kamen dadurch zum Einsturz, und zwar rund um den Globus. Der britische Archäologe David Keys hat im Jahr 1999 erstmals diese erstaunlichen Zusammenhänge recherchiert und beschrieben [47].

Auch in Mitteleuropa muss die ständige Verhüllung der Sonne aufgefallen sein, wenn sie hier auch vielleicht nicht ganz so katastrophale Folgen hatte wie näher am Ursprungsort der Vulkanausbrüche. Der im Folgenden kurz beschriebene Ablauf ist zwar nicht beweisbar, aber plausibel zu vermuten durch den auffallenden zeitlichen Zusammenhang einiger historischer Vorgänge.

Im Jahr 536 oder 537 dürfte sich im Franken-(Teil-)reich des Königs Theudebert (sein Vater war 533 gestorben) eine kleine Kriegerschar auf einen langen Ritt nach Osten aufgemacht haben, dorthin, wo man doch irgendwann einmal die Sonne finden musste, die man so lange nicht gesehen hatte. Diese Schar hatte eine dreifachen Auftrag: endlich die Sonne zu finden, zugleich aber den Menschen, die man unterwegs antreffen würde, das Heil des Christengottes zu bringen und den Trost, den man von ihm in dieser furchtbaren Zeit empfangen könne, und schließlich, die Menschen dort, weit im Osten des Rheins, auch zu Gefolgschaftsschwüren gegenüber dem Frankenkönig zu überreden. Das Ganze sollte völlig friedlich geschehen.

---

[47] David Keys, Als die Sonne erlosch – 535 n. Chr.: eine Naturkatastrophe verändert die Welt , deutsch, München 1999 (urspr. englisch 1999)

Wie soll man sonst erklären, dass gerade zu dieser Zeit im Rheinland und in Westfalen die frühesten Zeichen des Christentums auftauchen, sogenannte „Patrozinien" des heiligen Medardus ? Dieser sonst ziemlich unbekannte Heilige war zu seiner Lebenszeit Bischof in Turnacum (Tournai im heutigen Belgien), dem Ort des Grabmals König Childerichs. Das Heiligengedenken an diesen Medardus („Patrozinium") wird in Brauweiler bei Köln, in Lüdenscheid und wohl auch noch in einigen anderen kleine Orten im südwestlichen Westfalen gefeiert [48]. Auch Soest, ein kleiner, aber durch Salz- und Bleivorkommen reicher Ort, scheint bereits damals mit dem Frankenreich in eine Verbindung getreten zu sein, wenn dies auch nur im Gefolgschaftsschwur des dortigen „Königs" gegenüber dem fränkischen König bestanden haben dürfte.

In einer anderen Gegend Europas, nämlich in Italien, war zur gleichen Zeit ein Krieg im Gange, den die Nachwelt nun wieder kennt, nämlich ein Feldzug des oströmischen Feldherrn Belisar gegen die Ostgoten in Italien, um das Land für das Römische Reich zurück zu erobern. Dass auch dieser Krieg höchstwahrscheinlich mit den klimatischen Verhältnissen der Jahre nach 535 zusammengehangen hat, ist der Geschichtswissenschaft bisher allerdings nicht aufgefallen.

In seiner Bedrängnis trat der damalige Ostgoten-König Witigis im Jahr 537 alle Gebiete, die sein Reich noch formal nördlich der Alpen innehatte, nämlich Teile der alten römischen Provinzen Raetien und Noricum (Schweiz, Baden-Württemberg, Bayern und Österreich südlich der Donau) an den Frankenkönig Theudebert ab.

---

[48] In anschaulicher Form beschrieben, aber dann auch ausführlich sachlich erklärt sind diese Vorgänge im Buch „Deutschlands unbekannte Jahrhunderte", Kap. 20. „Eine Klimakatastrophe und ihre Folgen", S. 255 ff.

Natürlich gibt es keine Schriftquellen dazu, aber die logische Folge dieser Abtretung dürfte gewesen, sein, dass auch quer durch S ü d deutschland ein kleines fränkisches Heer zog, gleichzeitig oder kurz nach dem, das weiter im Norden „die Sonne suchen" sollte. Auch dieser Marsch erfolgte ganz friedlich, er sollte die ansässigen Fürsten der Alemannen davon überzeugen, dass sie nun einen neuen Oberherren hatten, den Frankenkönig, und dass dieser den Christengott mitbrachte, der die Menschen ganz gewiss sehr bald von der unerträglichen Düsterkeit und dem Fehlen der Sonne befreien werde. Die allgemeine Not ließ kein Aufbegehren zu, und so wurden die Alemannen vom Rhein bis weit ins heutige Bayern hinein – und auch die inzwischen zu „Schwaben" zusammen gewachsenen Sueben und Turkerer nördlich und südlich der oberen Donau – zu Untertanen des Frankenreichs weit im Westen.

Ja, noch weiter nach Osten dehnte sich der Einfluss des Frankenkönigs Theudebert aus, ohne dass er dafür Krieg führen musste. Im weiten Umkreis um die heutige Stadt Regensburg an der Donau, einst ein Römerkastell am Limes, hatte vermutlich ein germanischer Fürst namens Agilulf in der ersten Hälfte des 6. Jahrhunderts die zahleichen Reste einstiger römischer Söldner, vielfach germanischer, aber auch anderer Abstammung, um sich gesammelt und sie alle zusammen „Bajuwarii" genannt. Das geschah in einer Zeit, da ein Römisches Reich für diese Region längst nicht mehr existierte und die Oberherrschaft der Ostgoten Theoderichs nur sehr theoretisch war. Und nach dem Ende der nur sehr formalen Zugehörigkeit seiner Region zu diesem Reich war Agilolf offenbar bereit, dem Frankenkönigs freiwillig Gefolgschaft zu schwören, als dessen kleines Heer herannahte [49]. Die Notzeit ohne Sonne erzwang auch dort ein Sich-Bescheiden.

So war vielleicht in nur einem Jahr das ganze heutige Süddeutschland ohne einen Schwertstreich unter die Oberherrschaft des „austrasischen" Königs Theudebert gekommen, auch wenn diese Herrschaft nach heutigen Anschauungen kaum fühlbar war. Wie weit nach Südosten dieser Anspruch der Frankenkönige reichte – bis nach Österreich oder noch weiter bis ins heutige Ungarn – wer sollte in Gallien jetzt noch wissen, wie weit die einstige römischen Provinz Noricum nach Sonnenaufgang zu gereicht hatte ?

In einem erhaltenen Brief wohl aus dem Jahr 545, einem der ganz seltenen Dokumente über ihn, hat der fränkische König Theudebert behauptet, „von den Sachsen und Euten (Jüten ?) über die Donau und die Grenzen Pannoniens bis zu den Küsten des Ozeans (Adria ?) zu herrschen". Da war wohl viel Großsprecherei dabei, aber auch ein gewisses Recht. Wenigstens nach damaliger Anschauung hatte das Reich Austrasien eine außerordentliche Ausdehnung erhalten;

Hinzu kam, dass die vereinigten Brüder, die Frankenkönige Chlothar und Childebert, im Jahr 532 es endlich fertig gebracht hatten, das störende Reich der Burgunder in Südostgallien zu erobern. Nun erstreckte sich das Frankenreich über fast das gesamte ehemals römische Gallien (heute Frankreich).

In den Jahrzehnten vor diesen „umstürzenden" Ereignissen und auch danach noch vollzog sich in der anderen Ecke des heutigen Deutschland ein kaum merkbarer, aber doch sehr fol-

---

[49]   Ausführlich beschrieben und begründet im Buch „"Bevor es Deutschland gab", Kap. 14 : „Aus der Frühzeit der Bajuwaren", S. 397 ff.

genreicher Wandel in der heimischen Bevölkerung, im heutigen Niedersachsen und Westfalen, Die „Jahre ohne Sonne" haben diesen langsamen Wandel allerdings wohl nur wenig beeinflusst.

Im Norden begannen die (Alt-)Sachsen sich allmählich von der Schwächung zu erholen, die sie durch das Untergehen vieler ihrer Siedlungen in der Nähe der Nordseeküste erlitten hatten (s. o. S. 80). Sie begannen sich nach Süden auszudehnen, allerdings nur langsam und in kleinen Zahlen; die Bevölkerungsdichte muss hier immer noch sehr gering gewesen sein. Auch dass „die Sachsen" im Jahr 531 in der Lage gewesen seien, den Franken bei der Eroberung Thüringens zu helfen, dürfte eine „Mär" gewesen sein, die sich der „Sachsen-Historiker" Widukind von Corvey fast 500 Jahre später ausgedacht hat. Aber immerhin, die Sachsen waren im langsamen Vorrücken nach Süden, ins heutige südliche Niedersachsen und das nordöstliche Westfalen.

Genau in die umgekehrte Richtung verlief ein Zug von Menschen, diesmal wohl aus den kleinen Gruppen von Sarmaten, die einst auf der Flucht vor den Kriegen in ihrer Heimat Ungarn nach Westfalen gekommen waren (s.o. S. 89).

Es lässt sich vermuten, dass es jüngere Söhne sarmatischer Adliger waren, die sich weiter im Norden ein eigenes Gut oder eine Weidefläche für ihr Vieh schaffen wollten. Wo es möglich war, setzten sie sich an einer Furt fest, dort, wo eine alte Kaufmannsstraße einen Fluss überqueren musste. Ein Zaun aus Holzpalisaden an der Einfahrt in diese Furt war eine wunderbare „Zollstation", durch die jeder Kaufmannszug hindurch musste und zur Zahlung von „Durchgangs-Zoll" gezwungen werden konnte. Es gibt einige Beispiele solcher „zweckmäßigen" Ansiedlungen sarmatischer Adliger in Norddeutschland:

Beckum ist ein solches Beispiel: am Flüsschen Werse, am Schnittpunkt zweier Handelswege zwischen den frühen Marktorten Münster und Paderborn, Warendorf und Soest.

Aber auch bis an den Teutoburger Wald im Nordosten Westfalens (beim heutigen Bielefeld) reichte die Ausbreitung einzelner sarmatischer Adliger. Es war noch genug Platz, so dass sich die wenigen Alt-Einwohner dieser Gegend und die „Zugezogenen" nicht mit Waffengewalt um das Land streiten mussten, das die Letzteren gerne haben wollten. Jedenfalls gibt es keine Hinweise auf kriegerische Auseinandersetzungen zwischen den beiden Menschengruppen.

Im Nord o s t e n. am Südufer der Ostsee, war eine andere Einwanderung im Gange. Die früheren germanischen Bewohner dieser Gegend, Rugier und Warnen, waren weitgehend von dort abgezogen, im Zuge der großen Völkerbewegungen der letzten Jahrhunderte. Stattessen waren von Norden, aus Dänemark und Südschweden, neue Einwanderer gekommen, Geaten (später teils auch Reid-Goten genannt). Doch auch von Süden her kamen neue Zuzügler, sarmatische Roxolanen, ein kleiner Splitter der Aufspaltung des einst so großen Sarmaten-Volkes nach seinem Abzug aus seiner vorübergehenden „Heimat" in der nördlichen Balkan-Halbinsel (s.o. S. 87). Ein unermüdlicher Heimatforscher aus Schwerin hat diese in der deutschen Geschichtswissenschaft bisher übersehenen historischen Vorgänge ans Licht geholt [50].

---

[50] anschaulich beschrieben und begründet im Buch „Deutschlands unbekannte Jahrhunderte", Kap. 17: „Völkerwanderungen an der Ostsee", S. 217 ff.. Hier wird vor allem auf die Arbeit von Hermann Wittig Bezug genommen; „Schwerin gehört in die alte Geschichte der Sagazeit - Skandinavische ‚Reidgoten' an der Südküste der Ostsee" in DER BERNER, 19 (2005), S. 40 ff.

An dieser Stelle müssen einige Gedanken über die gleichzeitige S p r a c h entwicklung im späteren Deutschland eingefügt werden. Denn in diese Zeit, vor dem Jahr 600 beginnend, datiert die Sprachwissenschaft eine merkwürdige Erscheinung, die sogenannte „2. deutsche Lautverschiebung". Sie brauchte fast zwei Jahrhunderte, bis sie überall die s ü d deutschen Dialekte unserer Sprache, das Alemannische, das Schwäbische und das Bayerische, auch das Fränkische, „im Griff hatte".

Ursprünglich verwandte Sprachen (und auch Dialekte), deren Sprecher lange voneinander getrennt leben, entwickeln sich zwangsläufig auseinander. Aber sie übernehmen auch ständig von Nachbarn oder von besonders einflussreichen Sprachen Worte, Aussprache-Eigentümlichkeiten und andere Eigenheiten und wandeln sich dadurch. Das ist eine Art „Grundgesetz", wenn man die Sprachen nach ihrer Geschichte betrachtet.

In den Worten, die das Germanische aus der „Großmutter-Sprache", dem Indoeuropäischen, aber z. B. auch aus dem Lateinischen übernommen hat, veränderte sich die Aussprache bestimmter Laute. Aus dem ursprünglichen „p" wurde so „pf" (oder „f" oder „v"), aus einem „t" wurde „s", und ein ursprüngliches „k" wurde oft wie „ch" oder „h" oder „g" ausgesprochen. Diese merkwürdige Entwicklung wurde von deutschen Sprachwissenschaftlern (einst „Germanisten" genannt) schon früh im 19. Jahrhundert entdeckt. Sie hat sich vom Nordrand der Alpen nach Norden zu ausgebreitet, wo sie allerdings immer schwächer wurde. In den n o r d deutschen Dialekten (Alt-)Sächsisch und Friesisch ist sie nicht zu finden.

Es gibt zahlreiche Versuche, die Gründe für diese geradezu gesetzmäßige „Lautverschiebung" zu erklären, doch befriedigend sind sie alle nicht. Ob nicht etwa auch die gemeinsame

Zugehörigkeit dieser „Völker" zum neuen fränkischen Königreich, die ja etwa gleichzeitig begann, damit etwas zu tun haben kann ?

Aber was hat die „Benrather Linie" zu bedeuten ? Das ist eine vom Rhein (Benrath ist ein Vorort von Düsseldorf) bis in den Osten Deutschlands verlaufende relativ gerade Linie: nördlich von ihr sagten die Menschen, wenn sie ihren Dialekt benutzten, „maken", südlich davon „machen". (Das heutige Hochdeutsch hat die alten Dialekte inzwischen ziemlich verdrängt !). Es gibt noch verschiedene andere, aber ähnlich verlaufende „Isoglossen-Linien", die eifrige Sprachforscher gefunden haben.

Ob es auch etwas zu sagen hat, dass in der schon häufig erwähnten Thidrekssaga, die in der Hauptsache von Vorgängen im heutigen Westfalen erzählt, zwar der Blick nach Norden ganz offen ist, aber nie etwas vorkommt, was südlich des Sauerlandes passiert sein könnte ? Sachsen (natürlich die Alt-Sachsen) und Dänen werden vielfach erwähnt, aber keine Helden, die man etwa an der Lahn, dem Main oder gar an der Donau suchen müsste.

Ganz gewiss hat es damals an der „Benrather Linie" keine „Berliner Mauer" gegeben, die die Menschen hinderte, von Nord nach Süd oder umgekehrt zu wandern oder zu reiten und dort mit anderen Leuten zu reden - - und damit vielleicht auf die Dauer deren Sprache zu beeinflussen. Aber es hat den Anschein, dass man so etwas eben nicht tat ! Die Germanen im Norden wollten von ihren entfernten „Sprach-Genossen" im Süden offenbar nichts wissen – warum ? Und umgekehrt auch ? Das ist bis heute ungeklärt. Aber vielleicht sollten sich einmal einige Sprachwissenschaftler u n d Historiker gemeinsam darüber Gedanken machen. Denn hier scheint noch ein nicht uninteressantes Rätsel in der Geschichte unsers Landes auf seine Lösung zu warten.

Zum Jahr 555 heißt es im Geschichts-Nachschlagewerk „Ploctz" kurz: „(Der Franken-)König Theudebald stirbt. Die ‚wilden Völker jenseits des Rheins' machen einen Aufstand." Das ist ein Zitat aus dem Historienwerk Gregors von Tours. Für den Kurz-Überblick im „Ploetz" reicht das – aber im Buch des frommen Bischofs und „Römers" Gregor steht auch nicht mehr ! Ihn interessierte nicht, was sich im „barbarischen und heidnischen" Teil des fränkischen Königreichs abspielte. Also erfuhr auch die Nachwelt nichts davon, einschließlich der heutigen Universitätsgelehrten,

Für die vielen Stammes-Oberhäupter und Herzöge im gesamten Gebiet östlich des Rheins, die inzwischen einen Gefolgschaftseid gegenüber dem fränkischen König Theudebald abgelegt hatten, war dieser Eid mit seinem Tod erloschen. Das nannten die maßgeblichen Adligen im Hofstaat der fränkischen Könige inzwischen „Aufstand".

Doch die Schwurpartner jenseits des Rheins fühlten sich nicht mehr zur Gefolgschaft verpflichtet, jedenfalls so lange nicht, bis Abgesandte aus dem fernen Westen bei ihnen erschienen und sie   unterstützt durch einige Geschenke – zur Ablegung eines neuen Eides gegenüber dem Nachfolger-König nachdrücklich aufforderten. Denn diese „Barbaren" kannten nur (Eides-)Treue gegenüber einer P e r s o n , nicht gegenüber einem abstrakten S t a a t . Das war schon früher bei den Römern so gegangen und hatte oft zu Missverständnissen geführt.

Dass vermutlich sehr bald wieder die alten Gefolgschafts-
verhältnisse wiederhergestellt wurden, wahrscheinlich sogar
mehrfach, findet sich durchaus in Texten des guten Gregor von
Tours wieder, die allerdings von Ereignissen 20 Jahre nach
Theudebalds Tod erzählen.

Im merowingischen Königshaus waren inzwischen längst
„Zustände wie im alten Rom" eingekehrt, wo fast jeder von
den drei Königen mit seinem Bruder oder Onkel verfeindet
war und Kriegszüge gegen ihn unternahm. Im Einzelnen interessiert das für die Beschreibung der Geschichte D e u t s c h-
l a n d s zu dieser Zeit nicht. Nur muss man wissen, dass es
inzwischen nur noch d r e i „vereinigte" fränkische Königreiche gab: Burgund (das alte Reich, nunmehr unter einem
Merowinger-König), Neustrien und Austrasien.

Wohl im Jahr 575 hatte der austrasische König Sigibert „alle seine Gefolgsleute von jenseits des Rheins" aufgeboten, um
ihn in seinem geplanten Krieg gegen seine Brüder Chilperich
und Guntram zu helfen. Über diese Feldzüge berichtet Gregor
verhältnismäßig ausführlich. Und das ist endlich einmal ein
Fall, wo man „zwei und zwei zusammenzählen" kann, nämlich
einen Historikerbericht mit entsprechenden archäologischen
Funden.

Beim westfälischen Städtchen Beckum hat man schon 1860
einen alten Friedhof ausgegraben, wo ein „Fürst der Sachsen" beigesetzt worden war (s.o. S. 129). Doch dass dies kein
„Sachse" gewesen sein kann, vermutet man erst seit Kurzem.
Vielmehr war es wohl ein Anführer sarmatischer Abstammung,
der seine Krieger ins ferne Frankenland führte, um seinem Gefolgschaftseid gegenüber dem Frankenkönig Sigibert nachzu-
kommen. Dort irgendwo fand er den Heldentod, und seine
Krieger brachten seinen Leichnam nach Hause, um ihn zu

Hause würdevoll zu begraben, tief enttäuscht von dem unglaublich anstandslosen Verhalten zwischen Brüdern derselben Familie, den Frankenkönigen. Der Nachfolger des gefallenen Fürsten von Beckum war jedenfalls nicht bereit, noch einmal einem fränkischen König einen Gefolgschaftseid zu leisten [51].

Während des ganzen Jahrhunderts, das dieses Kapitel beschreiben will, gingen im Osten Deutschlands Wanderungen und Wandlungen vor sich, die auf lange Zeit die Bevölkerung dort prägen sollten. Sie sollen hier im Zusammenhang beschrieben werden, obwohl sie sich über einen langen Zeitraum hinzogen, zu verschiedenen Zeiten passierten und aus verschiedenen Richtungen kamen. Das war die Einwanderung von S l a w e n in unser Land.

Aus verschiedenen Gründen – Klimaveränderungen waren wohl nur einer davon ! – waren ab dem Ende des 5. Jahrhunderts n. Chr. die bisher dort siedelnden G e r m a n e n fast vollständig abgezogen, aus allen an die Ostsee reichenden Gebieten (das heutige Mecklenburg-Vorpommern, Hinterpommern, West- und Ostpreußen). Aber auch weiter nach Süden zu war das Land leer geworden: Das heutige Brandenburg, Sachsen-Anhalt, Sachsen und Thüringen und auch Böhmen und Mähren verloren in dieser Epoche die allermeisten ihrer bisherigen germanischen Bewohner.

In das so leer gewordene Land kamen nun, manchmal durch Jahrzehnte getrennt, Gruppen mit s l a w i s c h e r Sprache.

---

[51] ausführlich geschildert und begründet im Buch „Deutschlands unbekannte Jahrhunderte", Kap. 24, „Der Fürst von Beckum", S. 311 ff., einschließlich der wichtigen Erkenntnisse deutscher Archäologinnen aus den jüngsten Jahren.

Archäologen haben inzwischen vier verschiedene Einwanderungswellen ausgemacht. Die erste kam aus dem heutigen Tschechien, eine zweite aus dem Wald- und Sumpfgebiet im Nordwesten des heutigen Staates Belasrus (Weißrussland), eine dritte aus der gleichen Richtung und eine vierte wieder mehr aus dem Süden, aus dem „böhmischen Becken".

Wo das ursprüngliche Heimatgebiet der Slawen lag, jedenfalls vor ihrer Ausbreitung in alle Himmelsrichtungen ab dem 5. Jahrhundert n. Chr., ist bei Fachgelehrten noch immer umstritten. Doch eine überwiegende Zahl der Linguisten und Historiker glaubt, dass dieses Volk mit einer eindeutig aus dem frühen Indoeuropäischen abgeleiteten Sprache damals etwa im Westteil des heutigen Staates Ukraine ansässig war, begrenzt von den Westkarpaten, dem Pripjet-Fluß und dem mittleren Dnjepr. Die gefürchteten Hunnen kamen als Reiter nicht in diese Waldgegend, aber als sie aus Südosteuropa verschwunden waren, erwachte auch bei den Slawen der „Wandertrieb", und sie begannen, sich in a l l e Himmelsrichtungen auszudehnen. Nach Osten wurden daraus später die Russen, nach Südosten die Ukrainer, nach Norden die Polen, und nach Westen die späteren Böhmen (Tschechen) und Slowaken, aber auch die verschiedenen Gruppen, die ins spätere Deutschland einwanderten. Nur die letzteren sind für dieses Buch wichtig.

Es ist sehr fraglich, ob die Slawengruppen, die damals in unser Land kamen, bereits die Namen trugen, unter denen man sie später kannte. Aber zur besseren Orientierung heutiger Leser sollen sie trotzdem so benannt werden. Am weitesten nach Nordwesten gelangten die Obotriten (oft auch Abodriten u.ä. geschrieben): bis an die Ostküste Schleswig-Holsteins, bis zum heutigen Kiel hinauf [52]. Mehr nach Osten zu, im Osten Mecklenburgs und in Vorpommern, siedelten sich die Wilzen an, östlich davon die Pomoranen. Andere Slawengruppen ließen sich im Elbe-Saale-Gebiet und im heutigen Brandenburg nieder, weiter südlich davon die Sorben [53].

Nach einer in der deutschen Geschichtswissenschaft bis heute vertretenen Ansicht dehnte sich das damals von Slawen erreichte Gebiet vom Osten her bis an die untere Elbe aus, und etwa vom heutigen Magdeburg aus östlich der von Süden nach Norden fließenden Saale. So ist das Land auch in Geschichtsatlanten markiert. .Doch das kann nicht stimmen.

Eine der interessantesten Korrekturen meiner immer neuen Veröffentlichungen zu diesem Thema erreichte mich von einem Leser, der mich auf nachprüfbare und überzeugende Veröffentlichungen von Heimatforschern aus dem Anfang des 20. Jahrhunderts hinwies, wonach (mindestens) bis zum Vogelsberg in Nordhessen damals das slawische Siedlungsgebiet gereicht haben muss, rund 200 Kilometer weiter westlich als bisher angenommen. Und der Leser behauptete auch noch – auch das keineswegs unglaubwürdig ! – vom „Slawenkönig" Samo abzustammen, der im nächsten Kapitel eine sehr wichtige Rolle spielen wird ! Nahe seiner Burg (am Vogelsberg) wurde eine epochemachende Schlacht ausgetragen, von der ebenfalls im nächsten Kapitel zu berichten ist.

---

[52]   Im Buch „Bevor es Deutschland gab", Kap. 25: „In ein leeres Land", S. 415 ff. " wird die z.T. mehrfache „Überlagerung" vorher eingewanderter Gruppen, hier durch die Obotriten, plastisch geschildert und begründet.

[53]   Vom Zug der Sorben – wahrscheinlich mit s a r m a t i s c h e r Anführerschaft ! – wird im Buch „Deutschlands unbekannte Jahrhunderte „ Kap. 23 „Die Völkerwanderung der Slawen", S. 295, ausführlich berichtet;

Zum Teil hatten die Bewegungen der Slawen wohl mit dem Einfall eines neuen Reitervolkes aus Innerasien zu tun: den A w a r e n. Wieder, wie bei den Hunnen, weiß man nicht, welche Sprache sie benutzten. Wahrscheinlich handelte es sich sogar um eine Sammlung verschiedener innerasiatischer Völker mongolischer und anderer Abstammung. Aber alle diese wilden Reiter gehorchten einem Anführer, dem Chaghan (oder dessen Familienclan), der von einem ungeheuren Machtbewusstsein geprägt war, ganz ähnlich wie einst bei den Hunnen.

Für „Hunnen" hielt auch der schon so oft zitierte Franken-Historiker Gregor von Tours dieses n e u e Volk, als er in der übliche Kürze über eine Schlacht berichtete, die der Frankenkönig Sigibert (s. o. S. 131) „in Thüringen an der Elbe" gegen sie auszutragen hatte und in der er gesiegt hatte, vermutlich im Jahr 562 [54].

Dass diese „neuen Hunnen" so weit nach Mitteleuropa vordrangen, und zwar ganz am Beginn ihrer späteren Herrschaft im Südosten Europas, war einmalig. Möglicherweise geschah das auf listige Veranlassung des oströmischen Kaisers, der so versuchte, das unheimliche Volk in eine für ihn nicht so gefährliche Richtung zu lenken, nämlich nördlich des Gebirgszuges, der sich von den rumänischen Karpaten an ununterbrochen in nordwestlicher Richtung bis ins schlesische Riesengebirge, ja bis zum Erzgebirge zieht.

Nach diesem Kriegszug, der die Awaren in Gegenden führte, wo es nirgends reiche Städte und Völker gab, die man brandschatzen konnte, beschränkte sich das Reitervolk auf die dafür viel passendere Region, nämlich das heutige Ungarn mit seiner

---

[54] Die Schlacht und die Umstände, die zu ihr führten, sind beschrieben im Buch „Deutschlands unbekannte Jahrhunderte", Kap. 22: „Abwehr an der Elbe", S. 285 ff.

riesigen Puszta. Hier waren die reichen Gegenden im nordwestlichen Balkan viel näher. Selbst die oströmische Hauptstadt Konstantinopel war nicht allzu weit entfernt. Im nächsten, ja noch im übernächsten Kapitel dieses Buches werden die Awaren wieder erwähnt werden müssen.

Am Schluss dieses Kapitels, das von den ersten hundert Jahren der Herrschaft der Merowinger-Familie über das neue Frankenreich (nach dem Tod seines Gründers Chlodwig) berichtet, stehen wieder Ereignisse in dieser Familie im Mittelpunkt. Diesmal passierten sie nicht irgendwo weit im Westen, im fernen Gallien, sondern im heutigen Deutschland, nämlich in und bei Köln. Sie sollten langfristige Folgen für das „Reich der Franken" haben, auch für seinen östlichen Teil, dem Land der „wilden Völker jenseits des Rheins".

In der Generation der Urenkel Chlodwigs war die übliche Feindschaft zwischen den Brüdern oder Onkeln auf den Thronen der drei „fränkischen Königreiche" nicht geringer geworden. Der König des „glänzenden Reiches" (Austrasien), Theudebert II. hasste seinen älteren Bruder Theuderich II. von Burgund zutiefst.

Zu einem der vielen Kriegszüge der Könige gegeneinander hatte Theudebert wieder einmal Gefolgschaften seiner Schwurgenossen jenseits des Rheins aufgeboten. Doch mehrere Schlachten (an der oberen Mosel und die nächste schon im Rheinland westlich von Köln) gingen für den austrasischen Herrscher verloren. Nur noch von einer kleinen Schutzwache begleitet, floh er weiter nach Osten, wurde aber bald von einem überlegenen Heer des Burgunderkönigs gestellt und gefangen genommen.

In Köln, im Hof des Palastes der ehemaligen römischen Statthalter von Köln, wurde dem König von Austrasien ein schauerlicher Prozess gemacht, den seine ehemaligen Schwurgenossen mit ansehen mussten. In Ketten, aber noch mit dem dunkelblauen Mantel der merowingischen Könige bekleidet, wurde ihm dieser Mantel vom Leib gerissen, und seine langen schwarzen Haare wurden geschoren, wodurch er, wie jeder wusste, die Zauberkraft verlor, die jedem Mann der Merowinger-Familie innewohnte. Denn der siegreiche König behauptete, dieser Theudebert sei gar nicht sein Bruder, sondern Spross eines Knechtes, durch Ehebruch von seiner Mutter geboren. Danach wurde der zweijährige Sohn Theudeberts von einem fränkischen Krieger an den Haaren gepackt und an die Wand geschleudert, sodass sein Gehirn in alle Richtungen spritzte.

Dieses „Gericht" dürfte am Ende des Jahres 612 stattgefunden haben. Die Nachwelt weiß davon durch das Werk eines weiteren „Franken-Historikers" namens Fredegar; Gregor von Tours war 594 gestorben.

Von den einstigen Gefolgsleuten Theudeberts „jenseits des Rheins" verlangte der neue Herr von nun z w e i Königreichen, nunmehr ihm einen Treueid zu schwören. Doch scheinen das viele davon vermieden zu haben. Nach ihrer germanischen (und s a r m a t i s c h e n) Rechtsauffassung musste auch der Gefolgs h e r r sich seiner Verantwortung für die Gefolgschaft als würdig erweisen. Dies konnten sie nach seinem grausamen Verhalten gegenüber der eigenen Familie nicht erkennen. Die Folgen dieser Entfremdung zwischen dem König der Franken und seinen einstigen Gefolgsleuten im Osten des einst so großen Reiches Austrasien werden im nächsten Kapitel berichtet.

Noch einen weiteren dramatischen Vorgang im merowingischen Königshaus muss der Leser wissen, weil er langfristige Folgen für das g e s a m t e Reich, zusammengesetzt aus drei

Königreichen („Regna"), haben sollte. Der siegreiche König Theuderich II. starb recht bald nach dem „Gericht von Köln".

Das rief die 70-jährige Großmutter der beiden Königsbrüder noch einmal auf den Plan. die berühmt-berüchtigte Königin Brunhilde (aus der Familie der westgotischen Könige in Spanien). Sie ließ ihren Urenkel zum neuen König der Regna Burgund und Austrasien ausrufen, den noch unmündigen ältesten Sohn König Theuderichs, der Sigibert hieß.

Diese alte Frau hat in den Schriftquellen, die bald nach ihrem Tod entstanden, einen sehr schlechten Ruf, doch sehen heutige Geschichtsforscher in ihr eine eigentlich „moderne" Frau, die selbstbewusst war und konsequenter als ihre Söhne und Enkel auf eine wieder einheitliche Herrschaft eines Merowingerkönigs über das Frankenreich hin arbeitete.

Mit dieser Brunhilde war der Herrscher des dritte Regnums tief verfeindet, König Chlothar (II.) von N e u s t r i e n. Im Streit seiner Neffen Theuderich und Theudebert hatte er sich neutral verhalten. Die Feindschaft gegen Brunhilde rührte noch von seiner verstorbenen Mutter Fredegunde her, die als ehemalige „Magd" (in Wahrheit als nicht aus dem Adelsstand stammend) mit abgrundtiefem Hass von Brunhilde behandelt worden war. Eine Schlacht zwischen Kriegern Chlothars und solchen aus den Regna Burgund und Austrasien endete mit dem Sieg der ersteren. Die mangelnde Bereitschaft der Adelsclique in Austrasien, für ihren Kinderkönig und die alte Brunhilde zu kämpfen, hatte daran großen Anteil. Binnen kurzer Zeit war somit König Chlothar noch einmal Herr aller d r e i fränkischer Regna.

Bald danach war es Chlothars Truppen gelungen, die alte Brunhilde zu fangen, die sich irgendwo in den Bergen des französischen Jura versteckt hatte. Der König ließ seiner Tante den Prozess machen, mit der Anklage, sie sei schuld am Tod von zehn Frankenkönigen oder deren Abkömmlingen.

Das Ende von Königin Brunhilde im Jahr 613 sei hier kommentarlos nach dem Wortlaut Fredegars wiedergegeben: „Dann ließ er (König Chlothar) sie drei Tage lang auf verschiedene Weise martern, dann zuerst auf ein Kamel setzen und so durch das ganze Heer führen, hierauf mit dem Haupthaar, einem Arm und einem Fuß an den Schwanz des wildesten Pferdes binden, und so ward sie von den Hufen des davon sprengenden Tieres zerschlagen, bis ihr Glied für Glied abfiel."

Ein „würdiger" Anfang für die nun endlich erreichte „Alleinherrschaft" nur e i n e s Königs aus der Merowinger-Dynastie !!

Kapitel 7

Im Westen wie im Osten: Überall tiefer Wandel

614 – 714 n. Chr.

Im Jahr 613 n. Chr. war endlich der Frankenkönig Chlothar (II.), Urenkel des Reichsgründers Chlodwig, nach zahllosen Reichsteilungen und -zusammenlegungen, noch einmal der alleinige Herrscher im jetzt mächtigsten Reich in ganz Europa geworden. Aber stimmte das überhaupt?

In Wahrheit war er nur das gleichzeitige formale Oberhaupt dreier „Regna" (Königreichen), die unter sich immer nachdrücklicher ihre Verschiedenheit betonten, getrieben von den Häuptern der verschiedenen Adelsfamilien, die in Neustrien, Burgund und Austrien längst eigentlich das Sagen hatten.

Dieser Adel hatte recht unterschiedliche Wurzeln. Ein Teil kam noch aus den alten „Schah"-Familien des sarmatischen Draco, der einst die Vorfahren Merowechs aus dem fernen Sycambria bis nach Gallien begleitet hatte. Zahlreiche andere Adlige stammten aus dem keltischen und römischen „Establishment", das sich in der langen Römerzeit in Gallien entwickelt und vermischt hatte und reich geworden war.

Und schließlich gab es auch Adlige g e r m a n i s c h e r Abstammung. Sie kamen ursprünglich wohl aus dem nordöstlichsten Teil des Römerreiches, den Provinzen Niedergermanien und Belgica I, hatten sich aber inzwischen durch zweckmäßige Heiraten – und damit verbundene „Mitgifte" in Form von Ländereien – mit Adelsfamilien aller „Regna" im Frankenreich verschwägert. Es scheint damals eine Art „Wettrennen" gegeben zu haben, in möglichst vielen Ecken des großen Frankenreiches Grundbesitz zu erwerben, durch Heirat, Tausch oder Schenkung [55]. Das später so wichtige Geschlecht der Pippiniden (noch später Karolinger) kam aus dieser Adelsgruppe.

Diese Adelsfamilien waren es auch, die den König Chlothar recht bald nach seiner „Thronbesteigung" zwangen (im Jahr 614), eine allgemeine Adelsversammlung aus allen drei „Regina" nach Paris einzuberufen. Auch die Bischöfe der katholischen Kirche im Reich waren dort anwesend und stimmberechtigt, sie kamen ja ausnahmslos ebenfalls aus diesen Adelskreisen.

Nach wochenlangen Verhandlungen musste der König ein Pergament unterschreiben, das sogenannte „Edictum Chlotharii", eine Art Verfassungsdokument seines Reiches. Es ließ die bisherigen drei „Teilreiche" (unter e i n e m gemeinsamen König) unangetastet, doch jedes Teilreich bekam nun einen eigenen „Majordomus" oder „Hausmeier", der die fortbestehenden (und ebenfalls längst drei-geteilten) Hofämter zusammenzufassen und zu leiten hatte. Und auch diese wichtigen Hofämter durften nur noch von Adligen des betreffenden Regnums besetzt werden. Von einer „politischen" Einheit des Frankenreiches konnte ab jetzt praktisch nicht mehr die Rede sein.

Übrigens war diese erste (und einzige) Adelsversammlung im Frankenreich eine wunderbare Gelegenheit, durch einen wahrscheinlich gut bezahlten Sänger die Sage verbreiten zu

---

[55] Eine ausführliche und aufschlussreiche Untersuchung zu diesem Thema ist enthalten im Aufsatz „Die Pippiniden und ihre Frauen - Einige Fakten und bisher ‚abenteuerliche' Indizien" , S.147 ff. im Band 1 der Reihe „Forschungen zur Thidrekssaga – Ein Niflungenreich in der Voreifel ?", hrsgg. vom Thidrekssaga-Forum e.V., 2002"

lassen, die Vorfahren der Merowinger-Könige seien einst aus dem berühmten Troja geflohen. Schließlich hatte einer der Vorfahren des jetzigen Königs Priamus geheißen, so wie der König von Troja (s.o. S. 57) . Vermutlich wurde die schöne Geschichte von einigen wenigen Angehörigen des Sarmaten-Adels und einem ausnahmsweise noch „klassisch gebildeten" Bischof ausgeheckt, der sich erinnern konnte, es habe zur Zeit des sagenhaften Kaisers Augustus ein berühmtes Gedicht gegeben (die Änäis" des Vergil), in dem Gleiches von diesem Kaiser behauptet wurde [56]

Sehr bald war auch Chlothar nicht mehr „alleiniger" König der Franken. Im Jahr 623 zwangen ihn die Adligen des Regnums Austrien, seinen damals noch minderjährigen Sohn Dagobert zum König in diesem Regnum einzusetzen – „freie Bahn" für die dort gerade maßgebliche Adelsclique ! Zum Majordomus („Hausmeier", so etwas wie ein Ministerpräsident) seines Sohnes ernannte er den Adligen Pippin, der ihn einst bei den Abstimmungen der Adelsversammlung in Paris häufig unterstützt hatte.

Doch irgendwann wurde dieser Dagobert volljährig; sein Vater war 629 gestorben. Und dieser König nahm noch einmal sein Regierungsamt ernst, er war so ziemlich der letzte aus der Familie der Merowinger, der selbst die Geschicke seines Reiches maßgeblich bestimmte. Dass dies allerdings letztlich sein Reich nicht stärker, sondern schwächer machen sollte, kann man daraus erkennen, was nun berichtet werden muss.

---

[56] Dieses Auftauchen der „Troja-Mär" erst nach dem Jahr 600 wird genauer untersucht und beschrieben im Buch „Die Ahnen der Merowinger und ihr ‚fränkischer' König Chlodwig", Kap. II. 24 „Die Erfindung der Troja-Mär", S. 229 ff.

Dem Frankenreich war es inzwischen gelungen, mit den vielen slawischen Stämmen, die nun schon seit langem östlich des von ihm „beherrschten" Gebiet siedelten, in ein annehmbares, zum Teil freundschaftliches Verhältnis zu kommen. Freundschaftsverträge waren geschlossen worden; allerdings scheinen sich die meisten der Slawenstämme n i c h t zur „Gefolgschaft" im strengen Sinne verpflichtet haben. Eine Ausnahme waren wohl die Sorben, die im heutigen Bundesland Sachsen und nördlich davon lebten, deren Knez (Fürst) bereits eine Art Gefolgschaftsvertrag geschlossen hatte.

Inzwischen hatten wagemutige Kaufleute entdeckt, dass man mit einem Handel zwischen dem Frankenreich und den benachbarten Slawen gut verdienen konnte, indem man Waren zu ihnen brachte, die sehr begehrt waren. Einer dieser Kaufleute war ein gewisser Samo, und der hatte ein geradezu unglaubliches Schicksal. Der Frankenhistoriker Fredegar hat davon berichtet, wenn auch bedauerlicherweise nur in sehr kurzer Form.

Samo scheint ein Angehöriger des fränkischen Adels gewesen zu sein, vielleicht hatte er sogar an einer Schule am Hof seines Königs – den einzigen Schulen zu seiner Zeit ! – gelernt, einen Brief in Latein (oder richtiger in der Sprache, die man damals dafür hielt) zu schreiben. Und er hatte den lukrativen Beruf eines Kaufmanns ergriffen. Bei seinen vielen Fahrten hinüber zu den slawischen Nachbarn hatte er deren Sprache erlernt und hatte dort Freunde und Ansehen gewonnen, vielleicht, weil er seinen Kunden gegenüber stets fair aufgetreten war.

Jedenfalls hatte ihn ein slawischer Stamm nach dem anderen zu seinem „Knez" (Fürsten) gewählt, vielleicht in der Erkenntnis, dass ein engerer Zusammenschluss der Slawen nützlich wäre, dass man aber keinem der Nachbarstämme den Rang eines „Ober-Knez" oder Königs gönnte. Und in jedem Slawen-Stamm wollte man den neuen Knez an sich binden, indem man ihm ein junges Mädchen aus adliger Familie als Ehefrau zuführte. Alle diese Slawenstämme hatten inzwischen „Freundschaftsverträge" mit dem Fränkischen Reich geschlossen. Der Handel über die „Grenze" konnte ungestört weitergehen.

Samo war als neuer „Slawen-König" und Kaufmann ständig auf Wanderschaft, hatte sich aber als „Regierungssitz" eine Burg namens Wogastisburg in der Nähe des heutigen Städtchens Lauterbach in Nordhessen. am Vogelsberg, bauen lassen (s.o. S. 136). Dort muss ein fränkischer Abgesandter sich einen schwerwiegenden diplomatischen „faux-pas" geleistet haben, von dem der Historiker Fredegar berichtet hat. Nach einem Streit mit Samo soll dieser Abgesandte empört ausgerufen haben: „Es ist nicht möglich, dass Christen, die Knechte Gottes, mit Hunden in Freundschaft stehen !" Und Samo soll darauf geantwortet haben: „ Wenn ihr die Knechte Gottes seid und wir die Hunde Gottes, dann gebt nur acht, dass euch die Hunde nicht empfindlich beißen, wenn ihr unaufhörlich gegen Gottes Willen handelt !"

Das Tischtuch war nun für lange Zeit zwischen dem Frankenreich und den slawischen Nachbarn zerschnitten. Vorher hatte König Dagobert geplant, mit Hilfe der slawischen Verbündeten und im Bündnis mit dem ja immer noch bestehenden Oströmischen Kaiserreich gegen die Awaren vorzugehen. Diese hatten im Jahr 626 versucht, von ihrer Basis in der ungarischen Puszta aus mit Hilfe einer großen Zahl von slawischen Hilfstruppen Konstantinopel zu erobern, allerdings vergeblich. Die Pläne gegen die Awaren mussten nun aufgeschoben werden, erst hatte man die aufmüpfigen Slawen dicht an der Grenze des Fränkischen Reiches zu bekämpfen.

Das geschah auch mit einem Feldzug, der mit einem Kampf um die Wogastisburg im Jahr 631 endete – aber nicht mit einem glorreichen Sieg der Franken, sondern mit einer schmählichen Niederlage König Dagoberts [57]. Dazu trug auch bei, wie Fredegar vermerkte, dass die austrasischen Adligen gegen ihren König aufgebracht waren, weil er ihnen angeblich willkürlich Land entzog.

Zwei langfristige Entwicklungen begannen mit dieser Schlacht. Im Frankenreich sank das Ansehen des mit einem „Gotteszauber" (oder „Heil") versehenen Merowinger-Königs. Dieses „Heil" war nun beschädigt, weder Dagobert noch seine Nachfolger konnten sich davon erholen. Stattdessen gewannen die „Hausmeier" (Majordomus) immer mehr an Einfluss auf die Politik ihrer drei fränkischen Teilreiche. Das wird in diesem Kapitel später noch näher beschrieben.

Die „Schlacht an der Wogastisburg" war gleichzeitig der Beginn einer Jahrhunderte langen Feindschaft zwischen „Franken" und Slawen im Raum des späteren Deutschlands, stets geprägt von einem eingebildeten Überlegenheitsgefühl der angeblich so fortschrittlichen Franken (und später Deutschen") gegenüber den „primitiven" und „grundsätzlich unterlegenen" Slawen im Osten. Für die nächsten Jahrhunderte war

---

[57] anschaulich geschildert (und anschließend wissenschaftlich ausführlich begründet) im Buch „Bevor es Deutschland gab", Kap. 27: „Der erste Zusammenstoß zwischen Franken und Slawen", S. 451 ff.. (damals noch im Glauben, die Wogastisburg habe an der Eger im böhmischen Becken gelegen), sowie im Buch „Deutschlands unbekannte Jahrhunderte", Kap. 27: „Der schlechte Beginn einer schwierigen Nachbarschaft", S. 375 ff. (mit den von einem Leser mitgeteilten wichtigen Korrekturen).

es allerdings den „Herren im Westen" nicht möglich, sich nachhaltig über die damalige Siedlungsgrenze hinaus nach Osten auszudehnen !

„König" Samo regierte laut Fredegar nach seinem Sieg noch 35 Jahre friedlich und unangefochten als „König der Wenden". So hießen bis in die jüngste Zeit die slawischen Nachbarn im Mund der Deutschen. Und er hatte, wie Fredegar vermerkt, angeblich „zwölf wendische Weiber, mit denen er 22 Söhne und 25 Töchter gezeugt" habe. Das ist keineswegs unglaubwürdig, wenn man ernst nimmt, dass er in jedem Slawenstamm, von dem er zum Knez gemacht worden war, eine Frau (und mit ihr auch Kinder) hinterließ.

Und auch nicht unvorstellbar ist es, dass es noch heute Nachkommen dieser vielen Kinder gibt, die sich irgendwie an ihren Ahnherrn erinnern, auch wenn sie längst andere Namen tragen. Die für unsere heutigen Begriffe unglaublich lange zurück reichende Erinnerung in manchen solcher Adelsfamilien wird noch in diesem Kapitel in einem anderen Zusammenhang erwähnt werden.

Die Forschungen nach möglichen historischen Zusammenhängen der schon oft erwähnten Thidrekssaga riefen auch ein p o l n i s c h e s Mitglied des „Dietrich von Bern-Forums" auf den Plan. Er machte darauf aufmerksam, dass ein (völlig sagenhafter, jedenfalls nicht durch zeitgenössische historische Dokumente belegter) polnischer „König Leszek" angeblich „21 Söhne" gehabt habe [58]. „Lechen" hießen die Polen, bevor sie nach ihrer Christianisierung ein paar Jahrhunderte später ihren heutigen Volksnamen bekamen. Es ist mehr als

---

[58]   U.a. in DER BERNER Nr. 71 (Mai 2018), Reinhard Schmoeckel und Adam Fularz: „Samo und seine möglichen Nachfolger in Polen", S. 3 ff. .

unwahrscheinlich, dass es etwa zur gleichen – historischen – Zeit z w e i benachbarte Könige mit (fast) der gleichen bemerkenswerten Kinderzahl gegeben hat. Vielmehr darf man wohl vermuten, dass die Sänger jener Zeit, weit vor dem „Schriftzeitalter", ihr „Wissen" nach allen Himmelsrichtungen, nach Westen wie nach Osten, weitergegeben haben. Verschiedene Sprachen spielten dabei keine Rolle.

Vermutlich ziemlich unbeeinflusst von den soeben geschilderten Ereignissen haben sich in der gleichen Zeit andere wichtige Verschiebungen ereignet, und zwar in einer Region Deutschlands, in der zu dieser Zeit weder die Frankenkönige noch die Slawen etwas zu sagen hatten: in Nordwestdeutschland. Hier haben sich zwei „Völker" oder „Stämme" – oder richtiger kleine Menschengruppen – von Nord nach Süden und von Süden nach Norden aufeinander zu bewegt. Das waren einerseits Teile des Sachsen-Stammes und andererseits sarmatische Adlige mit kleinen Gefolgschaften; im vorigen Kapitel wurde das schon erwähnt.

Nach den schlimmen Zeiten während und bald nach der „Flucht vor der Nordsee", die die Sachsen hatten antreten müssen (s.o. S. 81), dürfte sich der Stamm allmählich wieder erholt haben und in der Lage gewesen sein, in den heimischen Dörfern überzählig gewordene Menschen auf die Suche nach neuem Land zu schicken, das sie bearbeiten und von dem sie sich ernähren konnten. Die Himmelsrichtung war klar: nach Süden; ins heutige südliche Niedersachsen und ins nördliche Westfalen. Auch dort lebten zwar heimische Bauern, aber es waren so wenige, dass die Einwanderer durchaus noch freies Land zum Bebauen finden konnten, ohne es den Alt-Einwohnern mit Gewalt wegnehmen zu müssen. Jedenfalls haben Archäologen bisher keine Anzeichen größerer Kämpfe in jenem Jahrhundert in den fraglichen Gegenden finden können.

Allerdings scheint es so, dass die kräftigen sächsischen Bauern-Krieger dort, wo sie auftauchten, den Vor-Bewohnern klarmachten, dass sie, die Sachsen, es künftig sein würden, die im gemeinsam bewohnten Dorf das Sagen hätten. Diese Vor-Bewohner wurden zwar nicht zu Sklaven im römischen Sinne oder zu Hof-Knechten der Sachsen, aber doch zu einer untergeordneten Bevölkerungsschicht, den „Liten". Daher stammt übrigens das deutsche Wort „Leute"! Doch hatten die Vor-Bewohner, wie die Sachsen auch bereits längst mit germanischer Sprache, es vor Jahrhunderten mit anderen Einwanderern aus dem Süden nicht anders gemacht.

In umgekehrter Richtung ging offenbar gleichzeitig eine andere Bevölkerungsbewegung vor sich. Vielleicht waren es die schauerlichen Erlebnisse, die kleine Krieger-Gefolgschaften bei ihrem Dienst für die Franken-Könige westlich des Rheins gehabt hatten (s. o. S. 138 f.), dass sie nicht mehr bereit waren, solchen „Königen ohne Heil" Gefolgschaft zu schwören. Es könnte also sein, dass sich solche ehemalige Schwurgenossen der Frankenkönige aus den Gebieten „jenseits des Rheins" in den Jahren nach 613 aufmachten, um nach Norden zu ziehen, dorthin, wohin ein Frankenkönig bestimmt noch nicht seine Hand ausgestreckt hatte. Vielleicht waren es auch jüngere Söhne von Gutsherren, deren Vorfahren einst als sarmatische Adlige mit ihren eigenen Schwurgenossen von der Donau an die obere Lippe, Ems und Ruhr gezogen waren.

Es gibt jedenfalls zu denken, dass typisch sarmatische Pferdegräber im heutigen Bundesland Niedersachsen erst frühestens ab dem Jahr 650 zu finden sind, und zwar von der Gegend um Lüneburg im Osten über das südliche Vorland Hamburgs und Bremens bis ins nördliche Oldenburger Land, aber nicht an der Nordseeküste ! Auch dort war das Land ja nicht eben „überbesiedelt", ja es hatte gerade durch den Wegzug einiger Teile seiner Bevölkerung fast gleichzeitig selbst an Bevölkerungsdichte verloren.

Ganz offenbar begannen von diesen n e u e n Wohngebieten aus sarmatische Adlige, weiter nach Westen zu ziehen und sich dort niederzulassen. Vielleicht waren es jüngere Söhne aus den adligen Familien, die sich ein eigenes Gut schaffen wollten. In der niederländischen Provinz Drenthe, nahe der Grenze zu Deutschland, hat man wieder mehrere typische Pferdegräber gefunden, sowie südlicher davon am Niederrhein bei Arnheim.

Und an der unteren Ems gibt es die Stadt Papenburg, die heute durch ihre große „Meyer-Werft" berühmt ist. Hier hat man zwar bisher noch keine Pferdegräber gefunden, aber der Name ist es, der zu einer der ältesten Familien aus diesem Sarmaten-Adel führt. Viel spricht dafür, dass ein Mitglied der Familie, der den Namen oder Ehrentitel „Pape" führte, die Ansiedlung am Furt-Übergang einer Handelsstrasse über die Ems gegründet hat, möglicherweise um das Jahr 650. Und derselbe „Pape" – oder ein Bruder ? – zog vielleicht weiter und gründete den Ort „Papendrecht" bei Rotterdam, im Mündungsdelta von Rhein und Maas, und kam schließlich in den Vorläufer der heutigen Stadt Antwerpen in Belgien. Dort sollen nach einer uralten Ortssage „sieben ‚Schaken'" (sarmatische „Schah" ?) die später so wichtige Stadt gegründet haben, darunter auch ein

„Pape" mit dem so viel aussagenden Wappen mit drei Balken aus rot-weißen Schach-Würfeln [59].

Diese Familie „Pape" ist es auch, die in geradezu unheimlich wirkender Art völlig unbewusst älteste Erinnerungen an das Volk der Sarmaten b i s h e u t e bewahrt hat. In Deutschland gibt es noch in der Gegenwart viele Menschen, die diesen Namen tragen, oft auch mit dem Adelskennzeichen „von" davor. Aber alle diese Menschen scheinen, wenn man viele Generationen zurückgeht, miteinander verwandt zu sein. (Nur zur Erinnerung: einer der kurzzeitigen Reichskanzler der „Weimarer Republik", Franz von Papen, stammte auch aus dieser Groß-Familie.)

Die frühesten „Papes", die Genealogen finden konnten, waren „Erbsälzer" (so etwas wie Aufseher der Salz-Erzeugung) und damit reiche und einflussreiche Leute im westfälischen Städtchen Werl (bei Soest). Genealogen können, genau wie Historiker, nur dann einen Vorfahren nachweisen, wenn sie seinen Namen auf einem Papier oder Pergament gefunden haben.

Doch die im Vorwort dieses Buches erwähnte Freundin des Autors und langjährige Kollegin im Vorstand des „Dietrich von Bern-Forums", Marie-Luise Neumann, war es, die in einem langen Gespräch über ihre Familie (im Jahr 2020 !) ganz harmlos und ohne selbst eine Ahnung von der Bedeutung zu haben, geradezu Unglaubliches über ihre Vorfahren m ü t - t e r l i c h e r s e i t s , die Papes, erwähnte. Allerdings konnte nur jemand erkennen, w a s sie da von sich gab, der so viel

---

[59] Diese hoch spannende, durch zahlreiche Indizien verschiedener Herkunft belegte Geschichte ist nachzulesen im Buch „Deutschlands unbekannte Jahrhunderte", Kap. 28: „In ein freies Land", S. 359 ff.

über das Volk der S a r m a t e n wusste, wie der Autor - - inzwischen, nach jahrzehntelangem Sammeln von Indizien.

Es soll hier versucht werden, in möglichster Kürze, dennoch ausführlicher als sonst in diesem Buch, zu erklären, wie sich durch dieses Gespräch Indizien zu einem Gesamtbild zusammenfügten, einem Bild, eben nicht aus Schriftquellen gewonnen, aber aus Hinweisen aus den verschiedensten Wissensbereichen: **In der deutschen Frühgeschichte hatten Gruppen von S a r m a t e n einen wichtigen Platz, der nicht mehr angezweifelt werden kann.**

Die Herkunft des Familiennamens ist schon vor einigen Jahren geklärt worden: Er stammt aus der g r i e c h i s c h e n Sprache und bedeutet „christlicher Geistlicher" (aber kein Mönch). Mindestens eine sarmatische Adelsfamilie – eben die „Papes" – hatte ihn aus ihrer vorübergehenden Heimat im Nordteil der Balkanhalbinsel, damals zum o s t römischen und damit griechisch-sprachigen Reich gehörend, mitgebracht, nicht nur als Name, sondern auch als „Beruf"! [60]

Dieser Information fügte Marie-Luise Neumann nun ganz beiläufig die Bemerkung hinzu, in ihrer mütterlichen Familie sei es bis zur Generation ihrer Mutter üblich gewesen, dass die F r a u e n ihren Familiennamen Pape beibehielten, auch wenn sie einen Mann (mit anderem Namen) heirateten. Und die Fr a u e n unter ihren Vorfahren habe auf ihrem letzten Weg zum Friedhof ein Pferd begleitet, wenigstens so lange, wie in ihrem Bauernhaus in Wickede (Ruhr) Pferde zum Hof gehörten, also bis weit ins 20. Jahrhundert hinein. Diese Stadt liegt nur 7 Kilometer südlich der „Sälzer-Stadt" Werl !

---

[60] Aufsatz „Papenburg – eine Gründung der Sarmaten ?", in DER BERNER Nr. 40 (2010), S. 39 ff.)

Für besonders angesehene M ä n n e r aus dem Gutsbesitzer-Stand in Ost-Westfalen, vermutliche Nachkommen von Sarmaten, hatte diesen seltsamen Brauch der Autor schon vor längerer Zeit festgestellt. Er muss so etwas wie eine „verchristlichte" Form des einst blutigen Pferdeopfers (mit der Folge der vielen „Pferdegräber") gewesen sein [61]).

Diese Bemerkungen von Marie-Luise Neumann konnten für den, der sich mit der Geschichte der Sarmaten auskannte, nur bedeuten, dass diese Familie Pape Erinnerungen an die Zeit ihrer sarmatischen Vorfahren bewahrte, und zwar an eine sehr lange zurück liegende Epoche, als noch die jungen Frauen als Krieger mitkämpften und selbst Fürstinnen und Priesterinnen werden konnten, vor mehr als 2300 Jahren ! Die klassischen Griechen haben aus diesen sarmatischen Kriegerinnen die legendären Amazonen gemacht ! [62] Natürlich hat das alles in der Familie Pape niemand mehr g e w u s s t , und dennoch hielt sich offenbar in ihrem Unterbewusstsein über unzählige Generationen ein Funken des Wissens, dass einst eine F r a u die Fürstin und Priesterin ihres Sarmatenstammes gewesen sei, und dass die Papes von ihr abstammen !

Zwei weitere mehr beiläufige Erwähnungen von Marie-Luise Neumann rundeten das Bild. In der Familie ihrer Mutter sei es bis etwa zum Beginn des 2.Weltkrieges üblich gewesen, an Sonntagen und Feiertagen (aber nur an diesen !) Pferdefleisch zu essen. „Normalen" Deutschen (wenigstens neun Zehnteln davon) sträubt sich beim Gedanken, Pferdefleisch

---

[61] Im Buch „Die Westfalen und ihr weißes Ross" (2016), S. 61 f.
[62] Einen Blick in diese mindestens 2300 Jahre zurück liegenden Zeiten eröffnet das Kapitel 14 „Die verborgenen Väter des frühmittelalterlichen Europa" und hier der Abschnitt „Die Lanze ist stärker als der Pfeil"; S. 295 ff. im Buch „Die Indoeuropäer" (Neuauflage 2012)

essen zu sollen, der Magen. Das ist eine ebenso unterbewusste Erinnerung an das Gesetz Karls des Großen, der den Sachsen bei Todesstrafe verboten hatte, Pferdefleisch zu essen (siehe dazu mehr im 8. Kapitel). Bei der Familie Pape war dagegen bis in die jüngste Zeit Pferdefleisch etwas „Heiliges", wiederum natürlich nur im Unterbewusstsein, das aber steuerte noch sehr intensiv das Handeln und Denken in vielerlei Hinsicht.

Die Vorfahren der Mutter von Marie-Luise Neumann waren „Bürgerliche", jedenfalls wussten sie es nicht anders, sie hatten ja kein „von" vor ihrem Namen (andere Teile der Familie schon, aber das war ihnen nicht bekannt). Dennoch erinnerte sich meine alte Kollegin an ein ausgesprochenes „Standesbewusstsein" ihrer Mutter: Sie hatte ihrer Tochter immer wieder gepredigt, keinesfalls jemanden aus der „Sozialsiedlung" in der Nähe zu heiraten, das sei „unter ihrem Stand". War das die wiederum nur im Unterbewusstsein wirkende Prägung aus alten Sarmaten- Zeiten, dass Angehörige des Adelsstandes, die „Schah", niemals jemanden aus der unteren Klasse heiraten durften ? Hat sich bei den Nachkommen zweier deutscher Kaisergeschlechter, den Habsburgern und den Hohenzollern, im Beharren auf der „Ebenbürtigkeit" für Ehepartner der jüngeren Generationen, dieses alte „Gesetz" erhalten ? (Siehe dazu mehr im Nachwort dieses Buches.)

Gar nicht so weit entfernt von der Region im Nordwesten, wo sich in diesen Jahrzehnten sarmatische Adlige als M i t bewohner neben den Einheimischen niedergelassen hatten, an der Nordseeküste, stiegen die dort seit sehr langer Zeit ansässigen F r i e s e n in dieser Zeit zu einer bedeutenden Macht auf. Ob es der lebhafte Handel mit Fischen und Schafwolle und anderen heimischen Erzeugnissen war, der sie reich werden ließ, ist nicht ganz klar. Jedenfalls kennt die Geschichtswissenschaft diese Zeit als die der „Frisia magna".

Einem Häuptlingsgeschlecht muss es gelungen sein, mehr Macht als die anderen zu gewinnen. So konnte eine ganze Dynastie von friesischen Königen entstehen, die fast ein Jahrhundert lang die Schicksale der Nordseeküste vom belgischen Brügge bis zur Mündung der Weser in die Nordsee prägten, immer nur in einem schmalen Streifen an dieser Küste.

Etwa am Südrand dieses Streifens gab es einen Ort. der zwischen den Friesenkönigen und dem südlich angrenzenden Königreich der Franken ständig umstritten war. Er hieß Dorestat (heute Wijk bij Duurstede) und lag an einem Rheinarm, weit genug von der Nordsee, dass ihn von dort kommende Hochfluten nicht mehr erreichen konnten, aber auch nahe genug am Meer, so dass die kleinen Seeschiffe der Friesen oder anderer Nordsee-Anrainer ihn noch bequem ansteuern konnten.

Von einem solchen Ort aus war der Handel über See und über Land in viele Richtungen möglich und daher der gegebene Sitz vieler Kaufleute - - und eine wunderbare Einkunftsquelle für den König oder Fürsten, der die Macht darüber hatte. Nach dem gleichen Muster waren schon viele solcher Handelsorte rings um die Nordsee und die Ostsee entstanden und sollten auch später noch aufblühen. Viele der späteren Hansestädte verdankten ihre Existenz dieser Lage.

Dieses Dorestat gehörte in der 2. Hälfte des 7. Jahrhunderts den Friesen. Doch als gefährliche Konkurrenz dazu war es den Frankenkönigen (oder richtiger deren Hausmeiern) gelungen, nur 30 Kilometer nordöstlich davon an einem anderen Rheinarm den alten römischen Ort „Ultra Traiectum" (der „Ort auf der anderen Seite des Rheinübergangs", heute Utrecht) zu besetzen und hier ein eigenes Handelszentrum zu eröffnen. Im

Jahr 681 hatte es der Friesenkönig Radbod allerdings fertig gebracht, auch diesen Ort zu besetzen. weil wieder einmal ein bewaffneter Streit zwischen den fränkischen Regna den Abzug der fränkischen Besatzungstruppe erzwungen hatte [63].

Das wechselhafte Schicksal dieses Ortes und des ganzen friesischen Königreichs wird noch einmal im nächsten Kapitel dieses Buches von Bedeutung werden.

Was geschah in der gleichen Zeit, die dieses Kapitel darstellen will, in unserem Land im Gebiet s ü d l i c h der ominösen „Benrather Linie" ? Gemeint ist die Sprachen- und offenbar auch Menschengrenze, die damals das spätere Deutschland so nachhaltig in Nord und Süd trennte (s.o. S. 131).

Östlich des mittleren Rheins war das Land in den letzten Jahrhunderten immer leerer geworden. Das lockte immer mehr Menschen aus dem durchaus noch bevölkerungsreichen Gallien dorthin, gefördert durch die fränkischen Könige, die gerne Adlige oder „fränkische" Krieger mit ihren Familien dorthin schickten, wenn sie sich nur durch einen Gefolgschaftsschwur an ihren fernen König gebunden fühlten. So wurden die „Lande um den Main" immer weiter nach Osten hin von solchen Einwanderern besiedelt. Sie ließen sich dort nieder, und sie nannten sich nun gerne selbst „ F r a n k e n " und gaben so auch dem Land, wo sie sich ansässig machten, diesen Namen.

---

[63] Diese Episode im ein gutes Jahrhundert lang dauernden Machtkampf zwischen Franken und Friesen beschreibt das Kapitel 35 „Die Zeit der Frisia Magna" , s. 437 ff. im Buch „Deutschlands unbekannte Jahrhunderte", auch mit einem ausführlichen Überblick über dieses Volk mit eigener germanischer Sprache an der Nordseeküste

Zugleich machten sie das Land auch zu einem Teil des fernen Reiches der Frankenkönige [64].

Nördlich dieses breiten Streifens auf beiden Ufern des von Ost nach West strömenden Mains hatte das Frankenreich ja schon längst eine „Dependance", in Thüringen. Eine aus dem alten Gallien nach dort versetzte Herzogsfamilie (aus hohem Adel) sollte inzwischen dafür sorgen, dass alles nach den Wünschen des Königs der Franken verlief. Das war angesichts der riesigen Entfernung sehr schwierig; in Wahrheit wurde der „ost-fränkische" Herzog (mit einem „Regierungssitz" zunächst noch im heutigen Würzburg am Main) zu einem praktisch fast selbständigen Herrscher [65].

In diese Zeit fiel es auch, dass (fast) erstmals Glaubensboten des Christentums das Gebiet des heutigen Deutschland betraten. Das Völker-Miteinander im alten Gallien westlich des Rheins gehörte ja nun seit Chlodwigs Taufe allesamt der neuen Zukunfts-Religion an; wie tief der Glaube ging, soll hier unerörtert bleiben. Die adligen Bischöfe und die Priester, oft kaum des Lesens und Schreibens kundig, waren an einer Ausbreitung ihres Glaubens an die „Heiden" jenseits des Rheins uninteressiert; das hätte ihnen ja unnötige Mühe bereitet.

Doch seit etwa dem Jahr 590 kamen immer wieder sogenannte „iro-schottische Mönche" als Missionare ins Frankenland. Verschiedene keltische Dialekte waren ihre Muttersprache, Latein hatten sie recht notdürftig in ihren Klöstern gelernt, und die Sprache der „einheimischen Heiden" verstanden sie

---

[64] Anschaulich dargestellt und später erläutert im Kap. 29 „Das Land zwischen den Stämmen – ein germanischer Schmelztiegel" , S. 482 ff., im Buch „Bevor es Deutschland gab".
[65] Einen Einblick gibt das Kapitel 36 des Buches „Deutschlands unbekannte Jahrhunderte": „In den ,Landen um den Main'", S. 447 ff. ,

zuerst überhaupt nicht. Doch mit einem fanatischen Eifer wollten sie eben diese Heiden „bekehren", ohne dabei dafür zu sorgen, dass diese Bekehrung auch anhalten konnte. Denn bald danach zogen diese unruhigen Mönche weiter, um anderswo die „heilige Wahrheit" zu verkünden.

Die viel später verfassten „Heiligenlegenden" machen aus ihnen fast überirdische Helden - - und lassen keine Andeutung zu, dass vielleicht schon vor ihnen christliche Priester, allerdings aus dem O s t e n kommend und mit griechischer Kirchensprache, die Lehren des Christentums im „Heidenland" erkündet hatten, wie es die „Papen" taten (siehe oben).

In der Legende „vom Martyrium des heiligen Kilian", die zur Zeit des ost-fränkischen Herzogs Gozbert in Würzburg spielen soll, wird sogar behauptet, erst der damals im Auftrag der Frau dieses Herzogs umgebrachte Bischof habe die Herzogsfamilie als Christen getauft. Dabei muss diese Familie, wie alle vornehmen Franken, schon seit fast 200 Jahren Christen gewesen sein [66].

Ganz im Süden des einstigen Germaniens sah die Lage etwas anders aus. In der Nähe des Bodensees hatte ein Herzog der A l e m a n n e n die Herrschaft über die meisten Menschen seiner Sprache auf sich vereinigt, als Oberherrn erkannte er den ja mit einem außergewöhnlichen Götterzauber ausgestatteten Merowingerkönig an, doch war diese Herrschaft natürlich mehr symbolisch als real. Christ war dieser Herzog

---

[66] Anschaulich beschrieben und historisch unterlegt im Buch „Bevor es Deutschland gab", Kap. 29: „Das Land zwischen den Stämmen – ein germanischer Schmelztiegel", und hier im Abschnitt „Waren die iro-schottischen Mönche die richtigen Missionare für Deutschland ?", S. 482 ff. und 495 ff.

nicht, aber er war auch kein Feind dieser Religion. Er ließ es zu, dass einer der neuerdings in Land kommenden Missionare, ein gewisser Gallus, in den Bergen südlich des Bodensees eine Ansiedlung von Mönchen gründete. Daraus wurde später das berühmte Kloster St. Gallen [67].

Auch am Oberrhein, beim heutigen Säckingen, war ein anderer Glaubensbote eingetroffen, der Mönch Fridolin, er vollbrachte dort alle möglichen Wunder, jedenfalls nach der Heiligenlegende, die später über ihn verfasst wurde [68].

Nördlich und östlich des Wohngebietes dieser Alemannen entstand in dieser Epoche eine Landschaft mit sprachlich etwas anderer Prägung. Sie erstreckt sich etwa von Stuttgart im Westen bis nach Augsburg im Osten. Aus den alt-ansässigen Sueben und den zu ihrem Schutz dorthin versetzten sarmatischen Turkerern (s. o. S. 95 ff.) bildete sich allmählich ein eigener Stamm mit besonderer Sprache, dem „Schwäbischen", und mit eigenen Herren [69]. Auch wenn noch moderne Historiker und Archäologen diese Schwaben gerne mit den Alemannen „in einen Topf tun", sollte man diese beiden deutschen Volksstämme wohl unterscheiden. Das fällt selbst manchen Historikern schwer, die auf die Zeit des frühen Mittelalters spezialisiert sind. Denn die adligen Turkerer (und später Schwaben) fanden nur sehr langsam zu einer größeren Einheit, und es gab

---

[67] Siehe im Buch „Bevor es Deutschland gab" Kap. 28: „ Die ersten Mönche jenseits des Rheins", S. 465 ff.
[68] Siehe im Buch „Deutschlands unbekannte Jahrhunderte" das Kap. 33: „Christliche Sendboten bei den Alemannen", S. 415 ff.
[69] Näher begründet und beschrieben wird die Entwicklung im Buch „Die Schwaben", S.46 ff.

auch nie einen „Herzog der Schwaben", aber einen Herzog von Württemberg, doch das erst viele Jahrhunderte später.

Aus mehreren Adelsfamilien gerade in diesem Schwabenland – sie alle mit größter Wahrscheinlichkeit sarmatischer Abstammung ! – entstanden später Herrschergeschlechter, die bis in die jüngste Gegenwart außerordentlich viel in der Geschichte Deutschlands zu sagen hatten: die Hohenstaufen, die im Hochmittelalter eine ganze Kaiser-Dynastie stellten, die Grafen, Herzöge und später Könige von Württemberg, die Hohenzollern (Burggrafen von Nürnberg, Kurfürsten von Brandenburg, preußische Könige und deutsche Kaiser), die Wettiner (später sächsische Kurfürsten und Könige) und die Habsburger, die letzte Kaiser-Dynastie des „Heiligen römischen Reiches deutscher Nation" und später Österreichs.

Der Aufstieg aller dieser Familien zu Herren, Grafen, Herzögen, Kurfürsten, Königen und Kaisern fand im Wesentlichen erst im hohen Mittelalter, ja noch danach statt und kann daher in diesem Buch nicht beschrieben werden. Nur im Nachwort muss noch einmal kurz auf die der Geschichtsforschung bisher völlig unbekannte Abstammung dieser Dynastien von den Sarmaten eingegangen werden, diesem „Saatbeet" europäischer Völker.

Die Schwaben – oder „Sueben" im lateinischen Text des Historikers Gregor von Tours – waren bereits knapp hundert Jahre v o r den in diesem Kapitel beschriebenen Zeiten an Vorgängen beteiligt, deren historische Richtigkeit seltsamerweise ausgerechnet durch archäologische Funde im westfälischen Dortmund bestätigt wurde. Im Kapitel 6 war für die Beschreibung davon nicht der richtige Platz, darum sei sie hier in aller Kürze nachgeholt.

162

Im Jahr 568 zog das germanische Volk der Langobarden von seinen damaligen (vorübergehenden) Wohnsitzen im heutigen Ungarn geschlossen ab nach Norditalien; sicherlich wollte es damit der neuen Bedrohung durch das innerasiatische Volk der Awaren entgehen. Die Geschichtswissenschaft sieht diesen Zug als den Abschluss der (germanischen) Völkerwanderung.

Diesen Zug begleitete, wie Gregor von Tours berichtete, auch eine größere Gruppe von „Sachsen". Dieser Völkername war für ihn der Ersatz für den Sammelnamen Franken für die „wilden Völker jenseits des Rheins". Der konnte jetzt ja nicht mehr benutzt werden, weil sich der eigene „allerchristlichste" König so nennen ließ. Woher diese „Sachsen" kamen, wusste Gregor nicht: irgendwo aus dem heutigen Norddeutschland. Sachsen in dem Sinne, wie sie in d i e s e m Buch beschrieben werden, waren es mit großer Wahrscheinlichkeit nicht.

Diese Gruppe der „Sachsen", so berichtet Gregor weiter, zerstritt sich bald mit den Langobarden und wollte wieder in die Heimat zurück ziehen, offenbar auf dem Weg durch das fränkische Königreich. Doch dort in der Heimat waren inzwischen „Sueben" (also Schwaben) angesiedelt. Die waren zwar bereit, die alten Bewohner wieder neben sich aufzunehmen, doch die Sachsen hätten auf ihren alten Rechten bestanden, kämpften gegen die Sueben – und verloren grandios ! Das dürfte sich etwa in den Jahren 572/73 zugetragen haben.

Eine merkwürdige Bestätigung der Erzählung Gregors, wenigstens eines Teils, fanden Archäologen im Jahr 2004 in einem Vorort von Dortmund, als sie einen ganzen ungestörten Friedhof edler Germanen ausgruben. Unter den Toten war eine alte Frau, offenkundig eine vornehme Langobardin, die den

Zug ihres Volkes erst von Mähren nach Ungarn, dann von dort nach Italien mitgemacht hatte, hier einen germanischen („sächsischen" ?) Adligen geheiratet und mit ihm Kinder bekommen hatte und dann doch bald wieder in die Heimat ihres Mannes, nach Dortmund in Westfalen, zurückgekehrt war. Woraus die Archäologen diese Angaben nachweisen konnten, kann hier nicht erklärt werden, sie sind aber völlig glaubwürdig [70].

H i e r ist aber noch nachzutragen, ob tatsächlich „Schwaben" zu jener Zeit dorthin gekommen sein können, wo vorher „Sachsen" wohnten. Im Mittelalter wird nordöstlich des Harzes, um Quedlinburg und Aschersleben, ein „Schwabengau" erwähnt. Viel spricht dafür, dass ein fränkischer König, dem ja schon Thüringen gehörte und dem zugleich „schwäbische" Adlige im heutigen „Ländle" Gefolgschaftsschwüre abgelegt hatten, einige davon in die Region dicht jenseits „seines" Thüringens angesiedelt hatte, von wo vorher „Sachsen" abgezogen waren. So hatte er nun Leute, die seinem Befehl gehorchten, in eine Thüringen benachbarte Gegend gebracht, die ihm vorher n i c h t unterstanden hatte. Auch so hat man wohl damals „Politik gemacht".

Aus diesem „Schwabengau" am Harz kam der erste nachgewiesene Vorfahr des späteren Dynastengeschlechts der Wettiner, die in der Neuzeit sächsische Könige wurden. Die in Schwarz und Gold abwechselnden Streifen in ihrem Wappenschild erinnern sehr an den Wollmantel, den die Adligen des alten sarmatischen Stammes der T u r k e r e r als „Fahnen-Ersatz" über ihrer Rüstung trugen: der war wohl in Schwarz

---

[70] beschrieben im Buch „Deutschlands unbekannte Jahrhunderte" im Kap. 25: „Der abenteuerliche ‚Sachsen'-Zug in die Fremde und zurück in die Heimat", S. 325 ff.

164

und Gelb (später Gold) senkrecht geteilt und wurde zum Wappen der späteren Kaiserfamilie der Staufer.

Die Identität oder wenigstens starke Ähnlichkeit solcher sehr alter Wappenzeichen ist ein wichtiges Indiz für die Feststellung, dass Mitglieder späterer bekannter Adelsfamilien s a r m a t i s c h e r Abstammung waren. Wie auch bei den anderen Sarmaten-Stämmen war es wohl auch bei den Turkerern so, dass a l l e Adligen die gleiche Mantelfarbe im Kampf trugen, gleichgültig, ob sie aus der gleichen Familie stammten oder nicht. Allerdings: eine mehr oder weniger enge Verwandtschaft kann man wahrscheinlich bei allen Adelsfamilien eines alten Sarmatenstammes voraussetzen. Schließlich durfte ja nur innerhalb dieses Standes geheiratet werden.

Auch die berühmten Habsburger kamen wohl aus dem Turkerer-Stamm, also aus dem späteren S c h w a b e n. Ihr F a m i l i e n wappen (also nicht das Wappen der späteren Erzherzöge von Österreich, der Kaiser des „heiligen Römischen Reiches deutscher Nation" und Österreichs) war nämlich schwarz-gelb, senkrecht geteilt ! Das konnte man auf den Fernsehbildern von der Beisetzung Ottos von Habsburg im Jahre 2011 in Wien sehen. Sein Sarg war mit einer Fahne in diesen Farben bedeckt.

Hier soll noch versucht werden, eine plausible Erklärung dafür zu liefern, dass möglicherweise das Adelsgeschlecht der Habsburger aus dem S c h w a b e n land des 6. oder 7. Jahrhunderts stammte. Wie konnte es zu einer Dynastie werden, die nach den Kenntnissen der Genealogen und Historiker ihren „Ursprung" erst im 10. Jahrhundert hatte, und zwar im Sundgau, dem südlichsten Teil der Landschaft Elsass westlich des Oberrheins ? Von dort sollen die Vorfahren in den nördlichsten Teil der Schweiz gewandert sein und dort die „Habichtsburg" gebaut haben, die später als „Habsburg" zur Namensgeberin für die ganze Familie wurde. Sowohl der Sundgau wie die Nordschweiz waren (und sind bis heute) Gebiete mit eindeutig a l e m a n n i s c h e m Dialekt !

Eine nicht mit Dokumenten belegbare, aber durchaus plausible Theorie ist, dass unter der „Herrschaft" eines der fränkischen Könige im 6. oder frühen 7. Jahrhundert ein schwäbischer Adliger mit einem ehrenvollen Auftrag betraut wurde, der ihn in den Sundgau führte, der ja demselben austrasischen König unterstand wie das „Schwabenland". Vielleicht sollte er dort, in der Nachbarschaft zum „Regnum Burgund", mit Austrasien in heftigen Grenzstreitigkeiten „verbunden", die Rechte des austrasischen Regnum wahren. Das scheint diesem Beauftragten gut gelungen zu sein, so dass seine Nachkommen hier, in der „Fremde", immer weiter in der Hierarchie königlicher Ämter aufsteigen konnten [71].

Es bleibt in diesem Kapitel noch zu beschreiben, was in dieser Zeit im S ü d o s t e n des heutigen Deutschlands passierte. Die Herzöge der Bayern aus der Familie der Agilolfinger hatten sich inzwischen zu einer sehr beachtlichen Macht entwickelt. Dazu trug sehr bei, dass mehrere Mitglieder dieser Familie mit der Königsfamilie der Langobarden verschwägert waren, die ja inzwischen im Norden Italiens ein kräftiges Reich aufgebaut hatten. Auch mit den neuen Machthaben im Frankenreich, den „Principes" (bisher Hausmeiern) aus der Familie Pippins (des Ersten und des Zweiten) hatten sie Familienbande geknüpft, was sie allerdings nicht hinderte, gerade mit diesen

---

[71] Siehe dazu auch den letzten Abschnitt (S. 426 ff.) des in Anm. 66 schon erwähnten Kapitels „Christliche Sendboten bei den Alemannen" im Buch „Deutschlands unbekannte Jahrhunderte"

(Pippin II.) in einen heftigen und lang anhaltenden Streit zu geraten.

Von diesen bayerschen Herzögen im 7. Jahrhundert kennt man mit Namen nur den letzten, Theodo, der wohl von 694 – 717 regierte. Sein Land war so groß, dass er es zur besseren Aufsicht unter seine vier Söhne aufteilte, die damit zu einer Art „Unter-Herzöge" wurden. Bayern reichte damals in Nord-Süd-Richtung von der Donau bis in die Täler am nördlichen Rand der Alpen, und vom Lech im Westen bis zur Enns im heutigen Österreich im Osten. Regensburg, Passau, Salzburg und Freising sollten die „Hauptstädte" der Herzogs-Söhne werden.

Bereits unter seinen Vorgängern muss in Bayern die Christianisierung ziemlich weit fortgeschritten sein. Es gab dort schon einige Bischöfe, unter anderem auch in Salzburg [72]. Herzog Theodo stand in Verhandlungen mit dem Papst, er wollte gerne, dass in seinem Land ein Erzbischof eingesetzt würde und es damit zu einer eigenen Kirchenprovinz würde. Das hätte seinem heimlichen Wunsch entsprochen, sich von der theoretischen Oberherrschaft eines Frankenkönigs unabhängig zu machen.

Allerdings hatte Herzog Theodo manches Pech mit seinen Söhnen – und mit den ihnen jeweils „beigegebenen" Bischöfen. Einer davon, Emmeram in Regensburg, wurde vom Herzogssohn Lantpert ermordet, und ein anderer, Corbinian in Freising, musste nach einem Streit mit „seinem" Herzog flüchten. Das diskreditierte zugleich die beiden Herzogssöhne. Jedenfalls wurde aus dem schönen Plan Theodos nichts, Bayern nach

---

[72] Über einen davon, Rupert (Hrodbert) , berichtet in anschaulicher Form eine Episode im Buch „Bevor es Deutschland gab", Kap. 31 „Fortuna Bavariae", S. 517 ff.

seinem Tod in vier verwandtschaftlich verbundene Herzogtümer zu teilen, zumal auch drei der vier Söhne vor Theodos Tod selbst verstarben.

Der eben bereits erwähnte Pippin II. macht es nötig, zum Abschluss dieses Kapitels noch einmal kurz auf die Verhältnisse im eigentlichen Frankenreich (dem heutigen F r a n k - r e i c h !) einzugehen. Dort gab es zwar noch immer Könige aus der Merowinger-Dynastie. Aber sie starben fast ausnahmslos bereits wieder in jugendlichem Alter - - und zu sagen hatten sie ohnehin nicht mehr viel. Die eigentlichen Machthaber waren inzwischen die „Hausmeier" (oder auf Lateinisch „Majordomus") in den drei Regna der Franken.

Doch auch das änderte sich im letzten Viertel des 7. Jahrhunderts. Im Einzelnen interessieren die Auseinandersetzungen und Kriege dieser neuen Potentaten untereinander für die Geschichte D e u t s c h l a n d s nicht. Jedenfalls gelang es dem Sohn des oben (s. S. 145) bereits erwähnten Pippin ab etwa 680, sich zum Hausmeier in allen d r e i Regna des Frankenreichs zu machen. Da er genauso hieß wie sein Vater, muss man zur Unterscheidung bei ihm die Ordnungszahl „II." anfügen. Er ließ sich nun „Princeps" nennen und hatte zum ersten Mal seit langem a l l e s Land in einer ordnenden Hand zusammengeführt, das einst die Frankenkönige erobert oder auf andere Weise erworben hatten.

Die von ihm fortgeführte Adels-Dynastie nennt man unter Historikern die „Pippiniden", erst sein Ur-Enkel Karl (der Große) ließ aus dieser Ahnenreihe die „Karolinger" werden.

Dieser zweite Pippin starb im Jahr 714 und hinterließ für einige Jahre eine fühlbare Leere in der Herrschaft des so groß gewordenen Reiches. Es ist daher passend, mit diesem Tod und diesem Jahr dieses Kapitel und damit die Beschreibung einer Epoche tiefgreifender Wandlungen in Mitteleuropa abzuschließen.

Kapitel 8

Eine neue Macht herrscht in unserem Land und in halb Europa

704 – 814 n. Chr.

Im Jahr 704 verstarb der neue „starke Mann" im Königreich der Franken, der „Erhabene Princeps" Pippin. Ein bereits erwachsener Sohn mit Namen Karl stand bereit, die Herrschaft zu übernehmen. Doch seine Stiefmutter Plektrudis versuchte mit allen Mitteln, ihn daran zu hindern und ihren eigenen Kindern die Herrschaft zuzuschanzen. Es war ihr zuerst sogar möglich, ihren Stiefsohn gefangen nehmen zu lassen und für einige Jahre im Gefängnis festzuhalten.

Doch einigen Getreuen muss es dann gelungen sein, den jungen Karl zu befreien und ins Kloster Echternach (an der Mosel, heute im Großherzogtum Luxemburg) zu entführen. Dort konnte er sich erholen und neues und zwar sehr bedeutendes „Heil" gewinnen. Das geschah im Schutz von Mönchen, die aus Britannien ins Land gekommen waren, und es wurde gefördert durch die geheimnisvollen Kräfte, die dort an der Mosel noch heute aus einer Quelle strömen [73].

---

[73] Diese ganz unbekannte Episode im Leben des späteren Karl „Martell" wird im Buch „Deutschlands unbekannte Jahrhunderte", Kapitel 37, „Der Aufstieg eines starken Mannes", S. 453 ff. beschrieben und die historischen Indizien werden dazu zusammengetragen. Der Autor stützt sich darin u.a. auf die von einer Gruppe um den Forscherkollegen Gert Meier gesammelten Erkenntnisse zum „heiligen Bezirk Echternach" im Buch „Die deutsche Vorzeit war ganz anders".

Im Zentrum des Frankenreichs – also weit westlich von Rhein und Mosel – versuchte in diesen wenigen Jahren noch einmal ein König aus der Merowinger-Dynastie einen erneuten Aufstieg zur Königs m a c h t. Mit noch nicht 12 Jahren hatte man den jungen Dagobert (III.) im Jahr 711 auf den Thron gesetzt, den sein Vater durch seinen Tod frei gemacht hatte. Zugleich bemühten sich einige treue Anhänger dieses „von Gott mit geheimnisvollen Zauberkräften ausgestatteten Herrschergeschlechts" um eine Restauration seines Rufes. Mehrere in den Jahren zwischen 712 und 716 verfasste Schriftstücke über die Sycambrer und deren Schicksale – sie waren ja die Vorfahren der Merowinger-Könige ! – sollten dazu helfen [74]. Doch der Tod des jungen König Dagobert bereits im Jahr 716 und der Aufstieg des Pippin-Sohnes Karl zur Macht im Frankenreich zur gleichen Zeit – hing beides zusammen ? – machte dem ein abruptes Ende.

Dieser Karl – in seinem späteren Leben gab man ihm den ehrenden Beinamen „Martell" (der Hammer) – hat sich während des größten Teils seiner Regierungszeit nicht viel um die „Lande jenseits des Rheins" kümmern können. Er hatte im Westteil seines Reiches genug zu tun. Hier sei nur erwähnt, dass er im Jahr 732 eine wichtige Schlacht bei Tours und Poities in Südwest-Frankreich gewann, und zwar gegen das aus Spanien nach Norden ziehende Heer der Araber.

Nachdem der Prophet Mohammed (etwa 550 -632) seine Landsleute, die Araber im heutigen Saudi-Arabien, zur Religion des Islam bekehrt hatte, begannen diese, in siegreichen

---

[74] Diese Schriftstücke gingen nicht verloren, blieben aber lange verschollen. Wie es gelang, sie wieder zu entdecken und zu entschlüsseln, ist ausführlich dargestellt im Buch „Die Vorfahren der Merowinger und ihr ‚fränkischer' König Chlodwig", Teil I.

Feldzügen nach Osten (Persien) und vor allem nach Westen den neuen Glauben in die Welt zu tragen. In einem einzigen Siegeslauf besetzten sie die gesamte Südküste des Mittelmeeres von Ägypten bis nach Marokko, setzten nach Spanien über, besiegten die dort noch herrschenden Westgoten und zogen von dort nach Norden, in das Königreich der Franken hinein. Erst die Schlacht, die Karl Martell 732 gewann, machte dem Vormarsch ein Ende.

„Jenseits des Rheins", und zwar im Königreich der Friesen, hatte dieser Karl ziemlich zu Anfang seiner Herrschaft einige Kämpfe auszutragen. Darauf muss hier kurz darauf eingegangen werden.

Bei diesen Kämpfen ging es vorrangig um die Herrschaft über die so wichtigen (See- und Land-)Handelsorte Dorestad und Utrecht (s. o. S. 156 f.). Im Jahr 681 hatte, wie erwähnt, der Friesenkönig Radbod die beiden Orte praktisch kampflos einnehmen können, doch 689 hatte Pippin II. sie zurück erobert. In der Zeit der fränkischen Schwäche nach dem Tod des Princeps kamen sie wieder in friesische Hand. Jetzt aber betrachtete der mit so viel Selbstvertrauen und „Heil" ausgestattete Karl es als seine erste Aufgabe, sie für das Fränkische Reich zurück zu gewinnen. Das sollte auch ein wichtiges Zeichen für die christliche Kirche sein, denn inzwischen hatte der Papst in Rom auch einen Bischof für die Stadt Utrecht ernannt, also mitten im heidnischen Friesen-Gebiet.

Karl (Martell) gelang es, dieses erste wichtige Ziel seines Amtes zu erfüllen; seitdem gab es auch kein Königreich Frisia mehr. Stattdessen konnte Bischof Willibrord sein Amt wieder in Utrecht ausüben, der gleiche Willibrord, in dessen Kloster in Echternach Karl noch vor kurzem Zuflucht gesucht und „Heil" gefunden hatte.

Dieser Willibrord war einer der ersten einer neuen Gruppe von christlichen Missionaren, die von den britischen Inseln in das Frankenreich kamen. Denn inzwischen waren die Angeln und die Sachsen, die in den Jahrhunderten zuvor aus dem heutigen Norddeutschland nach Britannien geströmt waren und dort die Macht übernommen hatten, selbst zu Christen geworden. Jetzt spürten viele der jungen Mönche sächsischer Abstammung, die in britischen Klöstern eine gute Ausbildung erfahren hatten, den Drang, ihren Landsleuten jenseits der Nordsee den neuen Glauben zu verkünden.

Sie fingen es anders an als die Iren und Schotten, die vor ihnen auf den Kontinent gekommen waren. Die neuen Mönche konnten sich noch gut mit den Einheimischen verständigen, sie kannten auch noch deren Lebensart und Einstellungen zu den Mächten des Jenseits, und sie setzten alles daran, dass das Christentum in der „alten Heimat" sich fest verwurzeln sollte.

Der wichtigste und bekannteste dieser neuen Glaubensboten war Bonifatius. Mit dem germanischen Namen Wilfrid kam er um 717 nach Friesland. Nach einer Pilgerfahrt nach Rom, wo ihm der Papst den Namen Bonifatius verlieh und ihn (nach einer zweiten Pilgerfahrt) zum Bischof von Germanien machte, wurde er zum unermüdlichen Missionar in seinem neuen Amtsbezirk. Von ihm wird in späteren Teilen dieses Kapitels noch mehrfach berichtet werden.

Während der fränkische Princeps Karl nach seinem Sieg in Friesland in den Westen seines Reiches ging, um dort aufzuräumen, muss sich im Nordwesten des heutigen Deutschland ein Vorgang abgespielt haben, der für die Geschichte der nächsten Jahrhunderte außerordentlich prägend war. Da es aber dort keine schriftkundigen Zeitzeugen gab, blieb er bis heute den meisten Historikern verborgen. Aus den nun schon länger n e b e n einander wohnenden „alten" Sachsen (mit germanischer Sprache) und den von Süden zugezogenen sarmatischen Adligen mit ihrem nichtadligen Anhang fand sich im Lauf der Zeit ein n e u e s Volk zusammen: die (neuen) S a c h s e n.

Wie schon mehrfach in diesem Buch erwähnt, beanspruchten die in eine neue Region zugezogenen Sarmaten keineswegs dort die H e r r s c h a f t über ihre Nachbarn, sondern nur Land zum Weiden ihres Viehs und für etwas Ackerbau. Und das war angesichts der damals äußerst dünnen Bevölkerungsdichte im allgemeinen durchaus vorhanden. Auch in Norddeutschland werden die sarmatischen Adelsfamilien bald die Sprache ihrer Nachbarn angenommen haben, wie das überall in diesen Jahrhunderten vorgekommen sein muss, wo Sarmaten zusammen mit Völkern anderer Kultur und Sprache neue Siedelgebiete suchten.

In den ersten Jahrzehnten des 8. Jahrhunderts bildeten sich von den Elbe- und Weser-Mündungen aus nach Süden allmählich vier „Heerschaften" im Gebiet der späteren (historischen n e u e n) Sachsen heraus. Das waren Zusammenschlüsse benachbarter Dörfer und Siedelgruppen für den Fall, dass sie gemeinsam Krieg führen und dafür ein „Heer" auf die Beine stellen mussten. Ein solches „Heer" waren übrigens für die zeitgenössischen Angelsachsen bereits mehr als 30 Krieger !

Diese „Heerschaften" erstreckten sich jeweils in einem breiten Streifen von Norden nach Süden. Sie bekamen die Namen „West-Falen" (etwa von Osnabrück aus bis in die Gegend des heutigen Dortmund und südlich davon bis ins Sauerland hinein), „Engern" in einem breiten Streifen östlich der „West-Falen", „Ost-Falen" vom Süden Hamburgs aus nach Südosten bis etwa zum dem heutigen Göttingen, „Holsatien" jenseits der Unterelbe im heutigen Holstein. Überall lagen große Moor- und Heidegebiete als menschenfeindliche Landschaften eingestreut in die Gebiete dieser „Heerschaften".

Vertreter der Dörfer in diesen Heerschaften scheinen sich gelegentlich getroffen zu haben, um gemeinsame Angelegenheiten zu besprechen. Allmählich wurde daraus ein „Thing" zu festen Zeiten. Äußere Umstände machten es notwendig, für die „Heere" dieser Heerschaften auch klare Anführer zu bestimmen.

Denn bereits seit Zeiten des fränkischen Princeps Pippin (II.) kamen ab und zu Heere fränkischer Krieger in ihr Gebiet gezogen, um Gefolgschaftsschwüre und Abgaben einzufordern. Wenn das verweigert wurde – und das passierte in der Regel –, plünderten die Franken die Dörfer und zündeten sie an. Dagegen musste man sich natürlich wehren und brauchte dafür Anführer mit Erfahrung und „Heil". Diese fand man in den s a r m a t i s c h e n Adligen, die ja längst zwischen den freien Bauern der alten Sachsen wohnten. Man wählte sie zu „Herzögen" („Heeres-Anführer"), für jede Heerschaft einen.

Die freien Sachsen betrachteten diese Anführer nicht als Könige mit absoluter Machtbefugnis, sondern nur als Befehlshaber im Kriegsfall, als „Schützer des Landes". In der Sprache der sarmatischen Adelsfamilien klang das etwa wie „Satrapen". Genau dieses Wort hat etwa um das Jahr 770 ein angelsächsischer Missionar Lebuin, der in die Heimat seiner Vorfahren gekommen war, um sie zu Christen zu machen, aufgeschnappt und in seinem schriftlichen Bericht überliefert.

Keiner der modernen Historiker, die die „Vita Lebuini antiqua" als willkommene Quelle benutzten, hat sich Gedanken über dieses hier in Deutschland so völlig fremde Wort gemacht.

S i e wussten ja, dass es einst die Provinz-Statthalter im alten Reich der Perser in der Antike bezeichnete. In deren Sprache bedeutete es eben „Beschützer des Landes". Aber woher sollte der Mönch Lebuin aus Britannien in der Mitte des 8. Jahrhundert n. Chr. das wissen ? Die Sprache der Sarmaten war der der alten Perser sehr ähnlich; sie dürften daher dieses Wort „Satrapen" für die Kriegs-Anführer der Heerschaften aus ihrem eigenen Reihen geprägt haben, und von ihnen muss es Lebuin gehört haben [75].

Derselbe Lebuin berichtet auch in seinem Buch (oder richtiger in dem Buch, das später über sein Leben geschrieben wurde), dass das Volk der „S a c h s e n" in der Heimat seiner Vorfahren sich aus drei Ständen zusammensetze: dem Adel, den Freien und den „Liten", und dass Vertreter dieser drei Stände jedes Jahr zu einer Versammlung zusammenkämen, von jedem Stand 12. Außerdem sei es den Mitgliedern dieser Stände bei Todesstrafe verboten, jemanden aus einem anderen Stand zu heiraten.

Nimmt man die bisher in diesem Buch beschriebenen Indizien zusammen, dann ergibt sich ziemlich eindeutig ein Bild, wie das n e u e Volk der Sachsen allmählich aus mehren ethnischen Bestandteilen zusammenwuchs. Voraussetzung für diese Erkenntnis ist allerdings, dass man nicht, unbewusst oder bewusst, die Nutzung neu aufgetauchter Indizien und Ideen in der Geschichtsforschung ablehnt.

---

[75]   Dieser wichtige Hinweis ist dem Forscher-Kollegen Prof. François Muller, Pulligny (Frankreich), zu verdanken, der lange als Sprachwissenschaftler an der Universität Paris-Nanterre gewirkt hat und dessen Grundkenntnisse der indoeuropäischen Sprachen diese Entdeckung ermöglichten. S. dazu auch im Buch „Widukinds Geheimnis" S. 66 ff. („Ein Volk aus drei Ständen")

Für dieses Zusammenwachsen brauchte es sicher einige Zeit, wahrscheinlich Jahrzehnte. Aber der gemeinsame Kampf gegen die Fremden aus dem fernen Westen, der erst in den ersten Jahres des 9. Jahrhunderts ein Ende fand, wird die Menschen im heutigen Nordwestdeutschland schneller und nachhaltiger zusammengeschweißt haben, als es in Friedenszeiten wohl gewesen wäre. Darüber ist im letzten Teil dieses Kapitels noch viel zu berichten.

Südlich des Gebiets, in dem sich das Zusammenwachsen des „Volkes der Sachsen" vollzog, im heutigen Hessen, Franken und Bayern, hatte in der ersten Hälfte des 8. Jahrhunderts der schon erwähnte Bischof Bonifatius sich nach Kräften bemüht, das Licht der neuen Religion, des Christentums, zu verbreiten. In Wahrheit, so fand er, war es dort noch sehr dunkel. Bei den vielen Heiden, die es hier noch gab, sowieso. Aber auch dort, wo schon viele Menschen die heilige Taufe empfangen hatten und wo es christliche Priester gab, fand er, der sittenstrenge Missionar aus Britannien, unter den Verkündern des Evangeliums viel zu viele „Ketzer, Hurer und Ehebrecher". So schrieb er in einem Brief an eine vertraute Äbtissin im heimischen Britannien.

Bonifatius kämpfte stets an zwei Fronten: Er versuchte, Heiden zu bekehren, mit oft modern wirkenden Propagandamethoden. Die berühmte „Fällung der Donar-Eiche" bei Fritzlar in Hessen im Jahr 724 – in neuzeitlichen Bildern phantasievoll illustriert – war ein Beispiel dafür [76]. Doch auch die Vertreter des neuen Glaubens, die er dort antraf, konnte er fast

---

[76]   Anschaulich beschrieben und belegt im Buch „Bevor es Deutschland gab", Kap. 32: „Bonifatius, der Apostel Germaniens", S. 535 ff., sowie im Buch „Deutschlands unbekannte Jahrhunderte", Kap. 38, S. 467 ff.

ausnahmslos nur verachten und kritisieren. Das galt auch für seine Amtskollegen im westlichen Teil des Frankenreiches, die Bischöfe aus hohem Adel, die nach seiner Anschauung kaum besser waren als die ungebildeten und noch tief im heidnischen Aberglauben steckenden Dorfgeistlichen in Thüringen oder Franken. Das hat das Leben des Bonifatius bis zu seinem Tod bestimmt. Davon muss an passender Stelle noch berichtet werden.

Im Jahr 741 starb der „erhabene Princeps" des Frankenreiches Karl Martell. Vorsorglich hatte er für diesen Fall sein Reich – oder besser die Macht darin – auf seine beiden Söhne verteilt. Karlmann bekam den Osten, Pippin (III.) den Westen.

In den letzten Jahren seiner Herrschaft war Karl Martell auch ohne ein formelles „Staatsoberhaupt", einen König der Merowinger-Dynastie, ausgekommen. Doch bald merkten seine Nachfolger, dass es in ihrem Reich noch viele wichtige Gefolgsleute gab, deren Treue zum Frankenreich wesentlich auf einem Gefühl der Bindung an die mit unerklärbarem „Heil" ausgestatteten K ö n i g e beruhte, und nicht auf Loyalität zu den neuen Principes aus namenlosem Adel „irgendwoher" und ohne von Gott herrührendes „Heil". Also wurde noch einmal ein merowingischer Schattenkönig eingesetzt. Er trug den Namen Childerich (III.).

Vor allem bei den Alemannen im heutigen Südwestdeutschland, der Nordschweiz und dem Elsass war dieses Gefühl wohl stark vertreten. Der versteckte und vielfach auch offen gezeigte Widerstand gerade hier führte dazu, dass ihr neuer „Oberherr", der Princeps Karlmann, im Jahr 746 den gesamten alemannischen Adel zu einem „Gerichtstag" einbestellte.

Der Ort dieses Gerichtstages war Cannstatt, heute ein Stadtteil von Stuttgart, in einer Region, die damals (und auch heute noch) zum „schwäbischen" Teil des heutigen Landes Baden-Württemberg gehörte. Der Nachbar-Stadtteil (Ober- und Unter-)Türkheim macht noch heute deutlich, dass einst T u r k e - r e r (natürlich keine Türken!) dorthin eingewandert sind (s. o. S. 96 ff.). Ob auch die aus Turkerern und Sueben zusammengewachsenen S c h w a b e n so „aufmüpfig" gegen den neuen Machthaber im Frankenreich waren wie die Alemannen, wird nicht klar. Die zeitgenössischen Quellen schrieben jedenfalls immer nur von den Alemannen.

In diesem Cannstatt war jedenfalls der Sitz eines „Herzogs der Alemannen". Vielleicht gab es zu dieser Zeit sogar mehrere davon, doch auch das wird nicht klar. Aber anstelle dieses heimischen Herzogs urteilte der fränkische Princeps Karlmann über die versammelten Adligen aus dem Alemannen-Stamm. Und er urteilte hart: „Tod mit dem Schwert" für alle, die nach kurzer Gerichtsverhandlung für schuldig befunden wurden, gegen die Gefolgschaftsschwüre verstoßen zu haben [77].

Ob es „wenige hundert" oder gar „mehr als tausend" dieser alemannischen Adligen waren, die dabei den Tod fanden – darüber streiten noch immer moderne Historiker –, ist gleichgültig. Auf jeden Fall ist dieses „Blutgericht von Cannstatt" vom Jahr 746 ein sehr bedenkliches Zeichen für die Unerbittlichkeit, mit der die fränkischen Machthaber aus der Familie der Karolinger ihre Herrschaft über ein immer größer werdendes Reich sicherten. Karlmanns Großneffe Karl („der Große") hat es später mit den Sachsen nicht anders gemacht.

---

[77] In Romanform beschrieben und anschließend historisch untersucht im Buch „Bevor es Deutschland gab", Kap. 33: „Blutiges Ende des alemannischen Aufbegehrens"; S. 556 ff.

Möglicherweise hat den Princeps Karlmann doch bald so etwas wie Reue gepackt. Jedenfalls hat er bereits ein Jahr nach diesen grausamen Ereignis, 747, seinem Amte entsagt und ist als Mönch in ein Kloster eingetreten. Sein Bruder Pippin (III.) war nun wieder Alleinherrscher im ganzen großen Frankenreich.

Dieser Pippin hatte zunächst Ärger mit Verwandten in Bayern. Sein Stiefbruder Grifo erhob einen (Mit-)Anspruch auf das Erbe und hatte sich mit dem Herzog in Bayern verbündet, mit dem er auch verschwägert war. Das führte zu einem (siegreichen) Feldzug des neuen Princeps nach Bayern, der aber nicht der „Unterwerfung aufrührerischer Bayern" diente, sondern eigentlich nur einer der vielen blutig ausgetragenen Streite innerhalb der Herrscherfamilie war.

Nun konnte sich der Princeps Pippin dem wichtigsten Anliegen seiner Lebenszeit widmen: Wie konnte er den ihm formal übergeordneten König aus dem Merowinger-Geschlecht loswerden ? Die „karolingisch" bestimmte Geschichtsschreibung dieser Zeit bezeichnete diese „Herrscher" schon längst als „rois fainéants" („Nichtstuer-Könige").

Pippin schickte einen wichtigen Bischof aus seinem Reich nach Rom, wo inzwischen der Bischof dieser Stadt, den man allgemein „Papst" nannte, immer mehr als „Oberhaupt aller Christen" auf dieser Welt angesehen wurde. Er ließ fragen, ob es richtig sei, dass im Reich der Franken Könige regierten, die nur den Namen König trugen, aber nicht die dazu gehörige Macht hätten. Die Antwort fiel wie erwartet aus: Es sei besser, denjenigen König zu nennen, der die königliche Gewalt ausübe, als jenen, der ohne königliche Gewalt nur den Königsnamen trage.

Nun konnte sich Pippin von einer Adelsversammlung in Soissons (Nordfrankreich) im Jahre 751 zum König wählen lassen, und er erhielt nach alttestamentarischem Brauch eine „Salbung" zum König. Der bisherige König, Childerich (III.), wurde für den Rest seines Lebens in ein Kloster „entsorgt" und sicherlich zugleich seiner schwarzen Locken beraubt, dem Sitz seines „göttlichen Heils", wie damals alle Menschen glaubten.

Die Salbung, die angeblich die Weihe Gottes zum Antritt der Königsherrschaft ausdrücken sollte, musste der angesehenste Bischof im Frankenreich vollziehen. Und das war Bonifatius. Doch das brachte den „Missionar Germaniens" in einen schrecklichen Gewissenskonflikt.

Gegen die Übernahme der Königsmacht durch Pippin hatte Bonifatius gar nichts, er war mit dem Princeps befreundet. Aber er hatte schon vor langem dem Papst in Rom zugeschworen, „mit den schlechten Priestern keinen persönlichen Umgang zu haben und mit ihnen nicht gemeinsam die heilige Messe zu feiern". Damit meinte er vor allem auch die Bischöfe im Westen des Frankenreiches, die er ja alle für schlechte Vertreter seiner Religion hielt. Bei der Feier der Salbung des neuen Königs würde er aber gerade mit ihnen zusammen agieren müssen.

Die zeitgenössischen Quellen verschweigen auffällig, w e r die Zeremonie der Salbung bei Pippin vollzog. Deutsche Historiker der letzten Jahrzehnte haben sich darüber den Kopf zerbrochen. Nach Meinung einiger davon hat Bonifatius tatsächlich den König gesalbt, widerwillig und unter Bruch seines Schwures gegenüber dem Papst, aber für die Nachwelt sollte das verschwiegen werden. Dieser Ansicht ist der Autor in einem seiner früheren Bücher gefolgt [78].

Vielleicht, sogar wahrscheinlich hat der Tod des berühmten Bischofs nur vier Jahre danach etwas mit diesem Gewissenskonflikt zu tun. Denn in seinem hohen Alter gab er plötzlich die Arbeit auf, der er sein ganzes bisheriges Leben gewidmet hatte, die Missionierung Germaniens, das heißt des formal schon zum Fränkischen Königreich gehörenden Teils des heutigen Deutschland. Er verließ das von ihm gegründete Kloster Fulda und ging mit einigen wenigen Getreuen nach Friesland, um dort die „letzten Heiden" zum christlichen Glauben zu bekehren.

Die „letzten Heiden" waren die Friesen keineswegs, denn die „bösartigen Sachsen" waren ebenfalls noch nirgends Christen geworden. Doch bei ihnen Missionsarbeit zu betreiben, war noch viel hoffnungsloser als bei dem kleinen Volk an der Nordseeküste. Immerhin waren hier, wenigstens in einem großen Teil des Landes, fränkische Krieger als Besatzungsmacht stationiert; auf sie konnte der Missionar im Notfall zurückgreifen.

Die Predigten des Bischofs Bonifatius bei den Friesen mögen bei einigen Menschen dazu geführt haben, dass sie sich taufen ließen. Doch andere werden gerade dadurch zu heißer Wut angestachelt worden sein. Und vielleicht gab es sogar ein heimliches Anstacheln dieser Wut durch Beauftragte der fränkischen Bischöfe, denen der ungenehme Mahner Bonifatius schon lange ein Dorn im Auge war.

---

[78] Siehe hierzu im Buch „Bevor es Deutschland gab", Kap. 34, Abschn. „Pippin zum König gewählt, erhoben und gesalbt" , S. 576 ff., wo diese Gewissensentscheidung für Bonifatius näher behandelt wird.

Jedenfalls kam es im Juni des Jahres 754 bei Dokkum im heutigen Westfriesland (in den Niederlanden) zu der Tat, die die damalige Welt erregte und vielleicht das Ende war, das sich Bonifatius selbst als Sühne für seinen Schwurbruch gewünscht hatte: Friesen brachten ihn und seine wenigen Begleiter um [79]. Der Leichnam des Bischofs wurde später in seinem geliebten Kloster Fulda feierlich beigesetzt. Das von einem Schwerthieb eingekerbte Evangeliar des Missionars wird noch heute als einer der größten Schätze im Dom zu Fulda aufbewahrt.

Währenddessen hatte der neue König Pippin (als solcher wird er als der „I." gezählt !) an ganz anderen Stellen seines Reiches zu tun. Zu Anfang des Jahres 754 wurde er davon überrascht, dass der Papst Stephan aus Rom zu ihm nach Nordfrankreich geflüchtet kam und um Hilfe gegen die Langobarden bat, die ihn in Rom bedrohten. Prompt zog Pippin mit einem beachtlichen Heer nach Italien und konnte den Langobarden-König dazu zwingen, auf seine Eroberungspläne zu verzichten.

Pippin hatte sich damit die Dankbarkeit des Papstes gesichert. Er förderte diese Einstellung noch dadurch, dass er in der sogenannten „Pippinschen Schenkung" ganz Mittelitalien unter Einschluss der Stadt Rom dem heiligen Petrus und damit dem Papst als dessen Verwalter zum Eigentum versprach. Historisch ist zwar umstritten, ob diese „Schenkung" nicht eine Fälschung des späteren Mittelalters war. Aber eine langfristige Wirkung hat sie gehabt, bis zum endgültigen Verschwinden

---

[79] In romanhafter Form beschrieben und anschließend näher begründet im Buch „Bevor es Deutschland gab", Kap. 34: „Der Bischof und die Friesen", S. 570 ff.

eines großen päpstlichen Staates auf der italienischen Landkarte im Jahr 1870 [80].

Im übrigen hatte König Pippin sich mit „Untertanen" auseinanderzusetzen, die sich lieber zu selbständigen Herrschern aus eigener Machtvollkommenheit gemacht hätten. So war in Aquitanien im Südwesten des heutigen Frankreich ein Freiheitsdrang der in den letzten Jahrhunderten dorthin aus Spanien zugewanderten Basken zu spüren, der den neuen König immer wieder zu Kriegszügen dorthin zwang.

Am anderen Ende seines Reiches, im nahezu selbständigen Herzogtum Bayern, hatte Pippin ebenfalls darum zu kämpfen, dass ihm dieses wichtige Gebiet nicht völlig verloren ging. Doch gelang es ihm im Jahr 757, den bayerischen Herzog Tassilo dazu zu bringen, ihm den Vasalleneid zu leisten.. Sechs Jahre später zog dieser Herzog sogar mit einem beachtlichen Kontingent seiner Krieger mit dem König nach Aquitanien, um dort wieder einmal Krieg zu führen. Allerdings zog Tassilo bald wieder von dort zurück in seine Heimat. Die Gründe dafür kennt die Nachwelt nicht, jedoch sollte diese „Hereslisz" („Verlassen des königlichen Heeres") noch Jahrzehnte später eine wichtige historische Rolle spielen.

Im Jahr 768 starb der Frankenkönig Pippin. Vorher hatte er, wie schon längst üblich, die Macht in seinem Reich zwischen seine beiden (erbberechtigten) Söhne Karl und Karlmann geteilt, Karl damals 21 und Karlmann 17 Jahre alt. Karlmann bekam den Süden, Karl den Norden. Doch Karlmann starb schon 771 und hinterließ damit seinem Bruder die Alleinherrschaft im großen Frankenreich.

---

[80] Siehe dazu im Kap. 34 des Buches „Bevor es Deutschland gab", Abschnitt „Pippin, zum König gewählt, erhoben und gesalbt" (S. 576 ff.) (

Wie groß war dieses Reich ? Nahezu das gesamte heutige Frankreich zählte dazu, von den Pyrenäen bis zum Englischen Kanal. Nur in der Bretagne hatten die dorthin von den Britischen Inseln eingewanderten Kelten sich bisher erfolgreich gegen eine Unterwerfung wehren können. Auch die heutigen Länder Belgien, Niederlande und Luxemburg waren selbstverständlich fränkisch, sowie ein großer Teil des heutigen Deutschland.

Doch die Souveränität des Königs der Franken war hier nicht ganz so uneingeschränkt wie in den meisten Teilen Frankreichs. Im Südwesten Deutschlands, im Herzogtum Alemannien, hatten allerdings seit dem „Cannstatter Blutgericht" von den fränkischen Königen eingesetzte Grafen das Sagen.

Im benachbarten Herzogtum Bayern war das anders. Vom Lech im Westen bis zum Alpenfluss Enns im heutigen Österreich im Osten und von der Donau bis hoch in die Täler am Nordrand der Alpen war es der heimische Herzog Tassilo, der hier „regierte". Allerdings hatte er ja dem fränkischen König einen Gefolgschaftseid geleistet und war außerdem ein Vetter Karls.

Nördlich der Donau, dem späteren „Franken" waren die dort eingewanderten Adligen und ihre Untertanen von vornherein dem Frankenkönig treu. Östlich davon entstand an der Grenze zu den slawischen Völkern ein „Nordgau" (heute etwa die Oberpfalz) mit noch unklaren Herrschaftsverhältnissen. Auch vom Main aus nach Norden und im heutigen Thüringen hatten die Frankenkönige ja schon lange die Macht inne und wurden dort von (meistens) loyalen Herzogsfamilien vertreten.

In Böhmen und Mähren (heute Tschechien) lebten allerdings nun schon fast 200 Jahre Völker mit slawischer Sprache, die nicht daran dachten, sich als Gefolgsleute des Frankenkönigs zu fühlen. Das Gleiche galt für die Bewohner des späteren Schlesien und des ganzen Gebietes zwischen Oder und Elbe bis zur Ostsee. Östlich der mittleren Elbe war alles Land bis zur Saale, die ziemlich gerade von Süden nach Norden fließt und bei Magdeburg in die Elbe mündet, sowie bis hinauf zur Ostsee von Menschen mit slawischer Zunge bewohnt. Mit einigen Stämmen davon hatten die Frankenherrscher bisher Bündnis- oder Freundschaftsverträge abschließen können. Die legten die Könige im fernen Westen (übrigens auch Historiker bis heute) so aus, als seien diese Völker „unterworfen". Die Fürsten oder „Kneze" davon sahen das allerdings fast alle ganz anders an.

Und dann gab es noch das Gebiet der „Sachsen". So nannten jedenfalls die damaligen Historienschreiber konsequent alle Einwohner, die etwa im heutigen Niedersachsen und Westfalen lebten. Es ist, wie schon erwähnt, sehr fraglich, ob diese Menschen sich selbst von Anfang an als „Sachsen" fühlten und so nannten. Allerdings wird es wohl so gewesen sein, dass sie im Laufe der mehrere Jahrzehnte andauernden gemeinsamen Kämpfe gegen die fremden Eroberer, die Franken, sich immer mehr als e i n Volk empfanden und auch selbst so nannten: S a c h s e n .

Ziemlich seit Beginn seiner Alleinherrschaft im Reich widmete sich König Karl der Aufgabe, die widerspenstigen Sachsen endlich zu zähmen. Schon seit fast einem Jahrhundert hatten auch seine Vorfahren geglaubt, diese unruhigen Leute seien ihnen untertänig, weil irgendwann einmal Gefolgschaftseide geschworen worden seien. Gelegentliche Heerzüge der Franken ins „Sachsenland" sollten das sicherstellen, endeten aber fast immer in wütender Gegenwehr und dem Abbrennen und Plündern einiger Dörfer.

Bei König Karl kam noch ein zweites Motiv für die endgültige Unterwerfung der Sachsen hinzu. Er wollte sie, die ja alle noch „schreckliche Heiden" waren, endlich zu Christen machen. Ob es dem König wirklich darum ging oder ob er außer seinen Kriegern auch noch die Kirche als Machtmittel einsetzen wollte, lässt sich nicht klar sagen. Erste Vorstöße seiner Heere ins Sauerland hatten unter anderem den Auftrag, die „Irminsul" zu zerstören, einen riesigen Baustamm, der seit Generationen von den heimischen Germanen als Heiligtum verehrt worden war. Auch die dort gelegene Eresburg, eine uralte befestigte Anlage, ließ er erobern und von seinen Kriegern besetzen. Sie lag in der Nähe der Irminsul, im äußersten Süden des Gebietes, das inzwischen die „Heerschaft der Engern" für sich beanspruchte (beim heutigen Obermarsberg im Sauerland).

Doch auch ein anderes germanisches Volk und dessen Reich waren das Ziel der Bemühungen Karls in seiner frühen Regierungszeit. Das Reich der Langobarden in Norditalien war seit seiner Entstehung vor 150 Jahren stets ein Gebiet des hohen Interesses des Frankenreichs gewesen: als zu bekämpfender Gegner oder als guter Verbündeter, mit dem auch verwandtschaftliche Verhältnisse hergestellt werden konnten. Sowohl Karls früh verstorbener Bruder Karlmann wie auch Karl selbst hatten Töchter des langobardischen Königs Desiderius geheiratet.

Doch als im Jahr 774 der Papst in Rom sich wieder einmal von den Langobarden bedroht fühlte und Karl um Hilfe bat, verstieß Karl seine Frau und rückte mit zwei Heeren über die Alpen ins Langobardenland ein. Nach heftigen Kämpfen gelang es ihm, dessen Heer zu besiegen, die Hauptstadt Pavia einzunehmen und seinen Schwiegervater, den König Desiderius, gefangen zu nehmen. Der wurde nach dem Brauch der Zeit für den Rest seines Lebens in einem Kloster „entsorgt", und Karl konnte sich die von Legenden umwobene „Eiserne Krone" der Langobardenkönige selbst aufs Haupt setzen. Nun gehörte ihm als neuem „König der Langobarden" auch ganz Norditalien, es grenzte nun unmittelbar an das einst von seinem Vater dem Papst geschenkte Mittelitalien mit der Hauptstadt Rom.

Parallel dazu kämpften in diesen Jahren immer wieder fränkische Heere gegen die Sachsen. Die Eresburg im Hochsauerland wurde mehrfach von den Sachsen zurück erobert und erneut von fränkischen Kriegern gestürmt. Zunehmend ließ Karl jetzt Sachsen in größeren Gruppen aus dem Land führen und irgendwo in dem längst fränkischen Teil Germaniens neu ansiedeln. Ortsnamen wie Sachsenhausen (ein Vorort von Frankfurt am Main) oder Lützelsachsen (bei Weinheim an der Bergstraße) belegen das. Zugleich führte er auch bei den Sachsen, wie im übrigen Reich, die „Grafschaftsverfassung" ein: für bestimmte kleinere Regionen ernannte der König „Grafen", die in seinem Auftrag das Land nach seinen Regeln verwalten sollten.

Im Jahr 777 trat erstmals der Herzog der Westfalen Widukind in Erscheinung. Oder richtiger: er f e h l t e bei einer von König Karl einberufenen Adelsversammlung für die Sachsen in der von ihm gegründeten Stadt Paderborn, wie ein damaliger Geschichtsschreiber vermerkt; das galt natürlich als böse Widersetzlichkeit. In den folgenden Jahren wurde dieser Widukind immer mehr zum Anführer des Widerstands aller Sachsen, während andere adlige Anführer dieses Volkes inzwischen nach so vielen Jahren Kampf eher bereit waren, sich dem mächtigen Frankenkönig zu ergeben.

Am Süntel, einem Höhenzug östlich der mittleren Weser, gelang es ihm im Jahr 782 ein Heer der Franken zu überraschen und zu besiegen. König Karl rächte sich, indem er in Verden an der Aller angeblich 4500 adlige Sachsen hinrichten ließ. Auch wenn die Zahl der Todesopfer umstritten ist, erinnert dieses Verhalten sehr an das „Blutgericht von Cannstatt" fast 40 Jahre vorher, mit dem Karls Onkel Karlmann mit grausamem Machtwillen den Gehorsam der Alemannen erzwang.

Widukind selbst entkam diesem Blutbad, und es gelang ihm immer wieder, die fränkischen Krieger, die inzwischen Sommer wie Winter im Sachsenland stationiert waren, zu verunsichern.

Karl antwortete mit immer härteren Maßnahmen. Noch im Jahr 782 erließ er ein spezielles Gesetz gegen die Sachsen, das „Capitulare Saxonicum". Es drohte mit der Todesstrafe für zahlreiche Delikte, die nur Sachsen begehen konnten. Der Tod drohte unter anderem jedem, der einen Priester tötete, der nach seiner christlichen Taufe wieder heidnische Gebräuche verwendete, der seine Toten verbrannte und nicht auf einem Friedhof beisetzte oder der Pferdefleisch aß.

Gerade die letzteren Bestimmungen waren speziell gegen den sarmatischen A d e l des Sachsenvolkes gerichtet. Denn bei ihm galt die Regel, dass Menschen der unteren Klasse, aber auch die Frauen und die verstorbenen jüngeren Mitglieder des Adels verbrannt werden mussten, um ihre Seele mit den Göttern zu vereinen. Nur für sehr ranghohe Adlige war eine Beisetzung in einem Grab üblich, dann allerdings begleitet von Opfer eines Hengstes, eines „heiligen Mittlers zwischen Menschen und dem Jenseits"[81]. Das Fleisch der als Opfer getöteten Pferde war für die Sarmaten so etwas wie die Hostie beim Abendmahl der Christen: eine „heilige Speise" (siehe dazu oben S. 155 !).

Das von König Karl erlassene V e r b o t des Genusses von Pferdefleisch wirkt unterbewusst noch heute bei fast allen Deutschen; ganz anders als etwa bei den Franzosen gilt dieses Fleisch normalerweise als „ungenießbar" !

Doch nach vielen Jahren am Ende immer erfolgloseren Widerstandes gegen die Franken sah Widukind ein, dass weitere Kämpfe sein Volk, die Sachsen, völlig zugrunde richten würden. Nach geheimen Verhandlungen mit Abgesandten des Königs Karl erklärte sich Widukind bereit, die Kämpfe einzustellen und sich als sichtbares Zeichen dafür taufen zu lassen. Zu Weihnachten des Jahres 785 wurde die Zeremonie in der königlichen Pfalz Attigny in Nordfrankreich vollzogen[82]. Der Papst in Rom befahl daraufhin der „gesamten Christenheit" einen Dankgottesdienst !

Der bekannte Mediävist Prof. Johannes Fried hat noch jüngst, im Jahr 2013, ein umfangreiches Buch über Karl den Großen veröffentlicht[83]. In dem Buch, dick wie eine Habilitationsschrift und wie eine solche auch mit unzähligen Anmerkungen zu alter und neuerer Literatur gespickt, widmet er dem

---

[81]   siehe dazu ausführlicher im Buch „Widukinds Geheimnis", Kap. 2: "Gesellschaft, Religion und Lebensweise der Sarmaten", S. 11 ff.
[82]   eine anschauliche Beschreibung dieser Vorgänge ist im Buch „Bevor des Deutschland gab", (erschienen im Jahr 2000),   Kap. 35: „Sieg über die sächsischen Heiden", S. 593 ff. enthalten, allerdings noch ohne die Kenntnis, dass s a r m a t i s c h e Adlige Anführer der Sachsen waren.
[83]   Johannes Fried, Karl der Große – Gewalt und Glaube, München 2013 (C.H. Beck Verlag) , 736 S.

mehr als dreißig Jahre dauernden Kampf Karls gegen die Sachsen gerade einmal 10 Seiten und dem Anführer Widukind eine Seite. Über das Schicksal Widukinds n a c h seiner Taufe berichtet er Falsches.

Entgegen manchen Legenden, die von inzwischen Christen gewordenen Nachfahren Widukinds stammen, durfte er sich nach seiner Taufe nämlich n i c h t „auf seine Besitzungen zurückziehen" wie Fried in seinem Buch behauptet. Sondern wie so viele andere hochrangige Gegner der fränkischen Könige aus der Familie der Karolinger wurde Widukind allem Anschein nach im Kloster auf der Bodensee-Insel Reichenau bis zu seinem Lebensende (wohl im Jahr 825) als unfreiwilliger Mönch festgehalten. Der Historiker Gerd Althoff hat das in einer genauen Untersuchung 1983 festgestellt. Vom Bodensee haben seine Nachkommen dann den Leichnam holen und ihn in Enger (bei Herford in Westfalen) beisetzen lassen [84]. Mindestens die lokalen Historiker dort sind davon überzeugt und können das auch mit verschiedenen Gründen beweisen.

Lange Zeit galt Widukind als Muster eines germanischen Helden, vor allem in der Hitler-Zeit hat man ihn in Deutschland so dargestellt. Dass er aber gar kein Germane war, sondern s a r m a t i s c h e r Abstammung, läst sich sehr wohl b e w e i s e n. Dazu ist es nötig, Indizien aus verschiedenen Wissensgebieten – allerdings nicht aus frühmittelalterlichen Geschichtswerken! – zusammenzufügen. In diesem Buch können sie nur in äußerster Kürze erwähnt werden [85].

---

[84] siehe dazu ausführlicher im Buch „Widukinds Geheimnis", S. 76 ff.
[85] In diesem eben angeführten Buch „Widukinds Geheimnis" siehe die Kapitel 3 „Die geheimnisvollen Pferdegräber", S. 29 ff., Kap. 11 „Der Friedhof für Widukinds Ahnen", S. 74 ff., Kap. 14 „Was hatten Widukinds Ahnen mit Alexander zu tun?", S. 92 ff.

Auch von der Geschichtswissenschaft unbestritten gilt das Städtchen Wildeshausen, halbwegs zwischen Oldenburg und Bremen gelegen, als Sitz der Vorfahren Widukinds. Beim Dorf Drantum, 16 Kilometer von Wildeshausen entfernt, stieß man 1961 beim Bau der Autobahn auf einen frühgeschichtlichen Friedhof mit 511 Körpergräbern und 24 Pferdegräbern. Diese und auch sehr viele andere Pferdegräber in Deutschland wurden von einer Tierärztin eingehend untersucht [86]. Sie stellte u.a. fest, dass die dort beigesetzten Tiere zwischen dem Jahr 710 und 885 nach sarmatischem Brauch geopfert und beerdigt wurden, selbst in Zeiten, als die Bewohner der Gegend längst als Christen getauft waren !

Vermutlich war dieser Friedhof die gemeinsame Ruhestätte für mehrere eng verwandte sarmatische Adelsgeschlechter der Umgebung. Im Jahr 947 schenkte der damalige Ostfrankenkönig Otto (I.) das Dorf Drantum und einige Nachbardörfer dem Kloster Enger - in Westfalen, über 100 Kilometer von Drantum entfernt. Die Dörfer stammten aus dem Erbe seiner Mutter, die eine Ur-Ur-Enkelin Widukinds war. So kam die Gedenkstätte für die Vorfahren mit der letzten Ruhestätte Widukinds zusammen, der ja in Enger beigesetzt worden war (s.o.) und an dessen Begräbnisort sehr bald ein Frauenkloster entstanden war.

Endgültig waren die Sachsen nach Widukinds Taufe noch längst nicht besiegt; es sollte noch bis 804 dauern, bis auch die sächsischen Holsaten (Holsteiner) jenseits der Unterelbe unterworfen waren. Aber immerhin konnte sich Karl einem anderen Störfaktor in seinem Reich widmen. Das war sein Vetter Tassilo, Herzog von Bayern. Der machte immer wieder Ärger,

---

[86] Verena Freiin von Babo, Pferdebestattungen auf dem frühmittelalterlichen Gräberfeld Drantumer Mühle, Diss. Hannover 2004

weil er sich wie ein souveräner Herrscher und nicht wie ein treuer Gefolgsmann des Frankenkönigs Karl benahm. Im Jahr 788 bestellte Karl den Herzog und seine ganze Familie zu einer „Reichsversammlung" (des hohen Adels) in die Pfalz Ingelheim am Rhein ein. Dort unterwarf er seinen Vetter einem Schauprozess, in dem ihm unter anderem vorgeworfen wurde, er habe vor 25 Jahren sich unerlaubt vom Heer des Königs Pippin entfernt und damit „Heresliz" begangen. Das von den Richtern verfügte Todesurteil wurde vom „barmherzigen" König Karl in lebenslange Haft in einem Kloster umgewandelt, das galt auch für die gesamte Familie, Frau und Söhne [87]. Wieder war König Karl seinem Ziel ein Stück näher gekommen, in seinem so riesig gewordenen Reich nur seinen eigenen Willen gelten zu lassen.

Drei Jahre später (791) unternahm König Karl einen Kriegszug, der ihn weit aus dem bisher von ihm und seinen Vasallen beherrschten Gebiet heraus führte. Er wollte unbedingt die Awaren besiegen, die ja immer noch im heutigen Ungarn ihr Reich hatten. Sie waren allerdings im Laufe der letzten Jahrzehnte so schwach geworden, so dass Karl auf einen leichten Sieg hoffte. Über 200 Meilen (300 Kilometer) rückte Karl mit seinem Heer den Awaren am Ufer der Donau entlang auf den Pelz, ohne sie je zu erreichen, da diese sich kampflos zurückzogen. Hunger und Krankheiten zwangen Karls Heer, umzukehren. In den „Fränkischen Annalen" wurde daraus natürlich ein „glorreicher Sieg".

Erst ein paar Jahre später, 795, gelang es einem seiner Heerführer, einem Markgrafen Erich, in einem kraftvoll geführten

---

[87] Der Prozess, seine Ursachen und Folgen sind beschrieben und näher untersucht im Buch „Bevor es Deutschland gab", Kap. 36 „König Karl beseitigt Bayerns Unabhängigkeit2, s. 615 ff.

Vorstoß von Südrand der Alpen her, den „Ring" der Awaren in der ungarischen Puszta zu erreichen, der gar nicht mehr verteidigt wurde. Ungeheure Schätze, die die Awaren-Chakane in den letzten 200 Jahren als Bestechungsgelder, vor allem aus Ostrom erhalten hatten, fielen dem Sieger in die Hände [88].

Unter anderem mit dem daher erhaltenen Reichtum konnte Karl seine neue Residenz in Aachen bauen. Und auf einmal war das ganze östliche (heutige) Österreich und Ungarn als „Awarische Mark" zu einem Außengebiet des Fränkischen Reiches geworden, verwaltet von einem „Markgrafen" mit größeren Befugnissen als die gewöhnlichen Grafen innerhalb des Reiches.

Fast jeder Deutsche, der in der Schule Geschichtsunterricht genossen hat, kennt die schöne Erzählung: Der Frankenkönig Karl war im Dezember des Jahres 800 gerade wieder einmal in Rom und feierte dort das Weihnachtsfest, als der Papst ihm plötzlich eine Krone aufsetzte und ihn feierlich als „römischen Kaiser" begrüßte. König Karl habe diese unerwartete Rangerhöhung zuerst etwas unwirsch aufgenommen, sich aber im Lauf der Zeit daran gewöhnt. So etwa lautete wohl die „für den Gebrauch an Schulen" etwas vereinfachte Fassung.

Besonders überrascht dürfte der Frankenkönig in Wirklichkeit nicht gewesen sein. Schließlich hatte er schon jahrelang durch Gesandte mit dem Kaiserhof in Byzanz (Konstantinopel), ja mit dem gleichzeitig mit ihm regierenden Kalifen Harun al Raschid in Bagdad, über die von ihm sehr wohl angestrebte

---

[88]   Im Buch „Bevor es Deutschland gab", Kap. 37, „Das Awarenreich zerfällt" , S, 632 ff., ist diese sehr unbekannte Eposode aus der Regierungszeit Karls des Gro0en romanhaft beschrieben und näher begründet

Rangerhöhung verhandeln lassen. Und im Jahr zuvor war der damalige Papst Leo III. aus Rom zu ihm geflüchtet. Gegner aus dem römischen Stadtadel hatten den „Stellvertreter Christi" gefangen nehmen lassen und ihn aller möglichen schrecklichen Verbrechen beschuldigt. Dieser Gefangenschaft war der Papst jedoch wieder entkommen. König Karl hatte dafür gesorgt, dass der Papst unter dem Schutz fränkischer Waffen wieder nach Rom zurückkehren konnte und sich mit einem feierlichen Eid von allen, mehr als Gerüchten denn als formellen Anklagen, vorgebrachten Beschuldigungen reinigen konnte. Dieser Papst war gewiss dem fränkischen König etwas schuldig.

Vielleicht hat Karl bei dieser Zeremonie nur missfallen, dass es der Papst war, der ihm die Krone aufs Haupt setzte und nicht er selbst. Kaiser Karl gefiel der Titel jedenfalls sehr schnell und sehr gut. Er ließ ab sofort sämtliche staatlichen Urkunden nach dieser Kaiserkrönung datieren („Im 1. Jahr des Kaisertums Karls...") und Münzen prägen, die ihn als Kaiser zeigten.

Die Macht eines weströmischen Kaisers in seinen besten Zeiten hatte der Frankenkönig gewiss. Außer Spanien und Nordafrika, wo die Araber herrschten, und außer der Insel Britannien war ihm praktisch alles untertan, was einstmals den weströmischen Kaisern gehorcht hatte: Gallien, Germanien bis zur Elbe, alles Land beiderseits der Alpen bis nach Pannonien, fast ganz Italien einschließlich der Schutzherrschaft über den Papst. Und im Gegensatz zu den s p ä t e r e n weströmischen Kaisern war Karls Herrschaft in seinem Reich längst unbestritten und vollkommen.

Übrigens nannte sich Karl nie „r ö m i s c h e r Kaiser", sondern benutzte, wenn es darauf ankam, den komplizierten

Titel „Karl, von Gott gekrönter, allergnädigster und erhabener Kaiser, der das Römische Reich regiert, und auch durch die Gnade Gottes König der Franken und der Langobarden."

In den letzten Jahren seines Lebens; nach der Kaiserkrönung, hatte sich Karl mit einem Gegner im Norden seines Reiches herumzuschlagen, dem Dänenkönig Göttrik (oder Godofrid in den fränkischen Quellen). Die Kämpfe gegen ihn wurden vom Biographen Karls, Einhard, als der letzte Krieg beschrieben, den der Kaiser auszufechten hatte. Es war die Zeit, in der die „Wikinger" begannen, aus Südnorwegen und eben auch aus Dänemark mit ihren Schiffen über die Nordsee zu fahren und reiche Klöster, Handelsplätze und andere lohnenswerte Orte, die sie mit ihren flachen Segelschiffen an der Küste oder über Flüsse erreichen konnten, auszuplündern.

Den fränkischen Kriegern, reinen „Landsoldaten", war es unmöglich, die Räuber nach ihren Überfällen zu verfolgen oder sie auch nur abzuwehren. Ob Göttrik wirklich vorgehabt hat, mit einem Landheer bis zu Karls neuer Residenz Aachen vorzurücken und ihn so zu besiegen, wie in den „Fränkischen Reichsannalen" zu lesen ist? Das ist mehr als fraglich. Doch immerhin war er ein Gegner, dem selbst der mächtige Kaiser nicht beikommen konnte. Zum Glück für Karl war es sein eigener Leibwächter, der irgendwann einmal den Dänenkönig tötete, aus Blutrache oder anderen Gründen.

Im Zuge dieser viele Jahre dauernden Kriegszüge im Norden des Frankenreiches war fast das ganze heutige Bundesland Schleswig-Holstein in die Hände des Frankenkönigs geraten und die dortigen Gruppen germanisch sprechender Einwohner, „Sachsen", Dithmarscher, Holsaten und andere, waren entweder brave Untertanen des Frankenherrschers geworden oder irgendwohin in dessen weites Reich umgesiedelt. Inzwischen verwaltete ein „Markgraf" diese weitere Grenzregion gegen die feindlichen Dänen. die „dänische Mark", natürlich als Teil des F r a n k e n reiches. Dass dieses Wort „Dänemark" später Name des Landes wurde, g e g e n das das Zwischenland als Bollwerk gedacht war, ist einer der vielen seltsamen Zufälle der Geschichte.

Die langen Kämpfe gegen die Dänen im nördlichsten Zipfel seines großen Reiches führten Kaiser Karl bald zu einem Bündnis mit den slawischen Nachbarn im Nordosten, den Obotriten. Auch die waren daran interessiert, den eroberungslustigen Dänenkönig Göttrik so weit wie möglich zurückzudrängen. So kam es 804 zu einem Freundschafts- und Kriegs-Bündnis mit dem Obotriten-Fürsten Thrasko. Ihm überließ Karl sogar die östliche, zur Ostsee entwässernde Hälfte fast des ganzen heutigen Landes Schleswig-Holstein.

Der Dänenkönig Göttrik rächte sich dadurch, dass er kurz danach durch eine Flotte seiner „Wikingerschiffe" den obotritischen Handelsort Rerik (bei Wismar, gegenüber der Insel Poel) überfallen und die Bewohner in seinen eigenen Handelsort Haithabu (bei Schleswig, an der Schlei) entführen ließ. Kurz danach gelang es ihm sogar, den Fürsten Thrasko durch einen entsandten Meuchelmörder umbringen zu lassen [89].

Die Waffenbrüderschaft mit den Franken bedeutete für die Obotriten damals nicht, dass sie sich als Vasallen des Kaisers im Westen empfinden mussten, und auch nicht, dass man sie zwang, Christen zu werden. Es sollte noch fast 400 Jahre dauern, bis es den Kaisern des Reiches, das inzwischen den Titel

---

[89] Die spannenden und völlig unbekannten, aber historischen Vorgänge werden anschaulich geschildert und historisch begründet im Buch „Bevor es Deutschland gab", Kap. 38 „Umkämpfter Norden", S. 643 ff.

„Reich der Ostfranken" führte, einfiel, die „Heiden zu bekehren", die so lange schon – mehr als sechs Jahrhunderte ! – östlich von Elbe und Saale gelebt hatten [90]. Eine besondere „christliche Frömmigkeit" stand auch da kaum hinter den Eroberungsversuchen, sondern das Streben von hohen und niederen Adligen aus dem Kaiserreich, im „Heidenland" auf billige Weise zu Herren von großen Landgütern und dem dazu gehörigen Gesinde oder, eine Ebene höher, zu halb souveränen Herrschern von größeren Regionen zu werden.

Nun, im 12. Jahrhundert, waren nicht nur die Obotriten im äußersten Nordwesten des Slawengebietes vom „Zug nach Osten" betroffen, sondern alle slawischen Stämme von der Ostsee bis nach Schlesien und von der Elbe bis zur Oder betroffen. Für die Leser d i e s e s Buches, das ja mit der Lebenszeit Karls des Großen endet, sollen jedoch diese Stämme mit s l a w i s c h e r Sprache wenigstens erwähnt werden, die dieses große Gebiet zu dessen Lebenszeit bewohnten; grob gesprochen umfasste es etwa das Gebiet, das von 1945 – 1990 die DDR einnahm.

Südlich der Obotriten lebten damals die Polaben (slaw.: Anwohner der Elbe), sie waren allerdings Untertanen des Obotriten-Fürsten. Auch jenseits der Elbe hatten sich etliche Slawen angesiedelt, die Drewanen. Der Nordostzipfel des heutigen Landes Niedersachsen heißt noch heute Wendland, denn bis ins 18. Jahrhundert hinein sprachen die Menschen dort

---

[90] Siehe hierzu – wenn auch weit aus dem Zeitraum herausfallend, den d i e s e s Buch behandelt - im Buch „Die Indeuropäer",, Kap. 22 „Ein Riese erwacht" (Slawische Landnahme) den Abschnitt „...bis entweder das Heidentum oder das Volk vernichtet ist".; S. 505 ff. Er beschreibt das Jahr 1145.

noch wendisch: Wenden nannten die Deutschen sehr lange ihre slawischen Nachbarn.

Östlich des Gebietes der Obotriten lag an der Ostseeküste das Land eines anderen Slawenvolkes. In den lateinisch geschrieben Chroniken der Zeit wird es Wilzen genannt; Einhard berichtet, in seiner eigenen Sprache heiße es Welataben. Auch der Name Liutizen oder Lutizen taucht auf. Es dürfte das Land zwischen Warnow (bei Rostock) und Oder bewohnt haben. Östlich davon gab es die Pomoranen (slaw.: am Meer wohnend) im späteren Pommern. Auf der großen Ostseeinsel Rügen lebte im 9. Jahrhundert das Volk der Ranen.

Südlich dieser slawischen Völker an der Ostseeküste sind noch die Heveller zu erwähnen, die etwa das heutige Brandenburg bewohnten, der Flussname Havel stammt wohl von ihnen.

Im Osten des breiten Streifen Landes, den heute die Bundesländer Sachsen und Thüringen und Teile des Landes Sachsen-Anhalt einnehmen, lebten damals die Sorben. Die Nachkommen dieses Volkes sind die einzigen, die ihre slawische Muttersprache bis heute bewahrt haben. Rund 60 000 Sorben benutzen diese Sprache, heutzutage völlig legal, und natürlich auch die deutsche Sprache.

Auch der Rest des heutigen Länder Sachsen und Thüringen war bis etwa zum Jahr 1200 von Menschen mit slawischer Zunge besiedelt. Die Namen ihrer Stämme sind verloren gegangen, aber in vielen Ortsnamen – und im „sächsischen Dialekt" ! – hat sich das alte Erbe erhalten.

Sind die Menschen, deren Vorfahren seit undenklichen Zeiten in Mecklenburg, Brandenburg, in Sachsen (dem heutigen Bundesland) und in Thüringen gelebt haben, nun „Germanen" oder „Slawen" ? Sie sind heute selbstverständlich

D e u t s c h e . Aber ihre Vorfahren haben nun einmal sla-
wisch gesprochen. Erst viel später brachte man die Menschen
dort dazu, die deutsche Sprache ihrer neuen Herren zu benutzen. Aus dieser Tatsache – und den vielen anderen Einwande-
rungen, von denen in diesem Buch berichtet wurde – sollte
man wirklich erkennen, welch ein Unsinn die von den Nazis
und anderen erhobene Behauptung ist, das deutsche Volk sei
einst einheitlich gewesen und seine „Reinheit" müsse bewahrt
werden.

Bereits mehr als zehn Jahre vor der Kaiserkrönung hatte
König Karl begonnen, in Aachen eine „Pfalz" (Königsburg)
auszubauen. Schon sein Vater Pippin hatte gerne in diesem Ort
mit heilenden warmen Quellen geweilt, der seit den Römerzei-
ten bewohnt und beliebt war. Immer mehr wurde diese Pfalz
zu einer Art „Hauptstadt" des Reiches ausgebaut. Im Römischen Reich war eine solche ständige Residenz des Staatsober-
hauptes selbstverständlich, unabhängig davon, ob es sich tatsächlich dort aufhielt, aber bei den späteren „ruhelosen" Königreichen der Völkerwanderungszeit kannte man keine ständige Hauptstadt.

Das wurde nun allmählich wieder anders. Karl ließ manche
Kunstwerke aus Italien holen, die nun künftig Aachen schmü-
cken sollten, und dort bereits vorhandene Kirchen wurden ver-
größert und prächtig ausgebaut. Dabei griffen die Baumeister
auch auf alte Bauten zurück, die schon von den Merowinger-
königen in Auftrag gegeben worden waren, jenen Königen,
denen die Karolinger und die ihnen ergebenen Historienschrei-

ber am liebsten alles Schlechte und vor allem auch keinen guten Kunstgeschmack andichteten [91].

In seinen letzen Lebensjahren wurde es Kaiser Karl immer schwerer, noch zu reisen oder gar zu jagen, was einst seine größte Freude gewesen war. Eine schwere Krankheit plagte ihn. Auch sonst musste er sich Sorgen machen um das Reich, das er in Jahrzehnten durch Kriege, aber auch durch „weises Regieren" geschaffen hatte. Zwei seiner Söhne waren vor ihm gestorben, die sorgfältig geplante Nachfolge in der Herrschaft war durcheinander gekommen.

Als Kaiser Karl am 28. Januar 814 starb, ahnten nicht nur seine nähere Umgebung, sondern wohl alle in seinem riesigen Reich und weit darüber hinaus, die davon hörten und mit der Nachricht etwas anzufangen wussten: mit diesem Tod war eine historische Epoche zu Ende gegangen, die die Welt mehr verändert hatte als mehrere Jahrhunderte zuvor.

Karl der Große war ein Mann seiner Zeit: hart und grausam, wenn es um die Verfolgung seiner politischen Ziele ging. Sein christlicher Glaube hinderte ihn nicht daran. Aber er war auch ein Mensch, der erkannt hatte, dass es seine Aufgabe als Herrscher war, die Menschen in geordnete Verhältnisse zu führen. Seine vielfältigen Bemühungen um eine geordnete Verwaltung überall in seinem riesigen Reich, unter anderem durch Grafen in Kaisers Auftrag und eine regelmäßige Überwachung dieser Grafen, durch die Förderung einer allgemeinen Volksbildung

---

[91] Die auch für heutige Kunstexperten wohl neue Tatsache der Existenz alter Kirchenbauten aus der Merowingerzeit in Aachen wurde von einem Aachener Heimatforscher bei der Wissenschaftlichen Tagung des „Thidrekssaga-Forums" im Jahr 2007 vorgetragen.

auf verschiedenen Ebenen, durch den Erlass von Gesetzen, die im gesamten Kaiserreich gelten sollten – alles das machte aus dem Reich der Franken einen für seine Zeit „modernen" Staat.

Durch die Annahme des Kaisertitels durch einen germanischen König, der sich nicht als „Römer" fühlte, leitete Karl eine grundsätzliche Weichenstellung der Machtverhältnisse in Europa ein. Die Macht und das Prestige des Titels wanderten, so könnte man es ausdrücken, nach Norden, weg von Rom und vom Mittelmeer in die Mitte Europas, und später von dort weiter in die östliche Hälfte dieser Region.

Es ist daher wohl angemessen, mit der Lebenszeit Karls des Großen dieses Buch enden zu lassen, das den Weg der Vorfahren von „uns Deutschen" aus dem Altertum ins beginnende Mittelalter beschrieben hat.

Nachwort

Der Titel eines „römischen Kaisers" – als hoch über den übrigen Königen in Europa stehend, die es bald geben sollte – blieb für mehr als ein Jahrtausend mit den Beherrschern des Gebiets verbunden, das wir heute D e u t s c h l a n d nennen, von wenigen Ausnahmeperioden abgesehen. Ab der frühen Neuzeit hieß dieses Reich auch „Heiliges Römisches Reich d e u t s c h e r Nation".

Diese Zeit kann in diesem kleinen Buch nicht mehr beschrieben werden. Aber gerade zu den Kaisergeschlechtern dieses Reiches muss etwas angemerkt werden, was bisher keinem Historiker aufgefallen ist, weil ja niemand eine Ahnung davon hatte, dass nicht nur Germanen (und Römer und Kelten und Slawen und …) in unserem Land einst eine Rolle gespielt haben, sondern auch S a r m a t e n.

In diesem Buch ist die historisch oft sehr entscheidende Existenz von sarmatischen Einwanderern nach Frankreich und Deutschland in den jeweiligen Zusammenhängen erklärt worden, wenn auch für die ausführliche Begründung dazu auf frühere Bücher des Autors verwiesen werden musste.

Es werden wohl noch etliche Jahrzehnte vergehen, bis sich in der europäischen Geschichtswissenschaft die Erkenntnis Bahn gebrochen hat, dass die ersten Könige der „F r a n k e n", die Merowinger, eben nicht G e r m a n e n waren, sondern S a r m a t e n.

Ihre Nachfolger, die Karolinger, hatten zwar eindeutig Vorfahren, die eine germanische Sprache benutzten. Doch bereits der erste König, der im inzwischen entstandenen „Ostfranken-

Reich" dem letzten König aus der Karolinger-Familie folgte, der Herzog Konrad von Franken (911 – 918), hatte bereits wieder höchstwahrscheinlich s a r m a t i s c he Ahnen. Dieses „Ostfrankenreich" entsprach etwa der alten Bundesrepublik Deutschland vor 1990 plus Österreich und der Schweiz. Denn seine Familie stammte ursprünglich aus dem Nahegau l i n k s des Mittelrheins, dorther, wo sich bereits 500 Jahre früher sarmatische Adlige mit ihren Gefolgschaften Weideland für ihr Vieh gesichert hatten.

Die folgende Dynastie, die dann für ein Jahrhundert die deutschen („ostfränkischen") Könige und „römischen" Kaiser stellen sollte, kam aus dem Stamm der S a c h s e n (natürlich der „neuen Alt-Sachsen" oder „Niedersachsen"). Sie waren nicht die direkten Nachkommen Widukinds, des „Herzogs der Westfalen", dessen sarmatische Abstammung in diesem Buch beschrieben worden ist. Sondern sie kamen aus einer anderen Herzogsfamilie, der von „Ostfalen". Aber auch die hatte sarmatische Vorfahren.

Den Sachsen-Kaisern folgte eine Dynastie der S a l i e r , deren Ursprung im linksrheinischen Bereich des Hunsrücks zu suchen ist. Auch bei ihnen sprechen viele Indizien dafür, dass sie von sarmatischen Adligen abstammten, die zu Beginn des 5. Jahrhunderts hier Zuflucht vor der Bedrohung durch die Hunnen gesucht hatten.

Die Herrscher aus der salischen Kaiserfamilie wurden abgelöst durch Herren aus der schwäbischen Dynastie der S t a u - f e r (1138 – 1254, zwischendurch einige Könige aus anderen Geschlechtern). Sehr vieles spricht dafür, dass auch die Staufer Nachfahren aus einem Adelsgeschlecht der sarmatischen Turkerer waren, die um das Jahr 480 nach Südwestdeutschland gekommen waren.

Doch auch das Adelsgeschlecht, das den Staufern (mit einigen Unterbrechungen) folgte, die H a b s b u r g e r , lässt sich sehr wahrscheinlich auf eine Herkunft aus dem Schwabenland und einer Adelsfamilie der Turkerer zurückführen (s.o. S. 165).

Schließlich kam die letzte Dynastie, die deutsche Kaiser stellte, die H o h e n z o l l e r n , erwiesenermaßen ebenfalls aus Schwaben und dürfte damit sarmatische „Gene" (und unterbewusste Erinnerungen !) weiter getragen haben, selbstverständlich ohne das sie davon eine Ahnung hatten.

Denn merkwürdig: Hat sich nicht vielleicht gerade bei den Habsburgern und den Hohenzollern, den einzigen heute noch durch Familienmitglieder vertretenen ehemaligen Kaiserfamilien, ein uraltes „sarmatisches Tabu" bis heute gehalten ? Das ist die Regel, dass wenigstens die Oberhäupter dieser Familien (und damit theoretisch „Thronanwärter") eine ebenbürtige Ehe eingehen müssen, das heißt, nur eine Frau aus einem hochrangigen Adelshaus wird für sie akzeptiert.

Ist das eine unterbewusste Erinnerung an die Regeln eines Volkes, das vor vielen Jahrtausenden aus Innerasien nach Europa kam und dessen Adelskaste zu Anführern so vieler neu entstehender Völker im mittelalterlichen Europa wurde ?

Bücher von Reinhard Schmoeckel

„DIE INDOEUROPÄER – Aufbruch aus der Vorgeschichte", Lindenbaum Verlag Beltheim-Schnellbach 2012, ISBN 978-5-938176-37-5, 568 S. - € 24,80, überarbeitete und aktualisierte Neuauflage des in Erstauflage 1982 im Rowohlt Verlag erschienenen Buches „DIE HIRTEN, DIE DIE WELT VERÄNDERTEN – Der vorgeschichtliche Aufbruch der indoeuropäischen Völker" *)

„BEVOR ES DEUTSCHLAND GAB – Expedition in unsere Frühgeschichte von den Römern bis zu den Sachsenkaisern"; Gustav Lübbe Verlag Bergisch Gladbach 2000 (Erstauflage), ISBN 3-7857-2004-1, 926 S., (vergriffen)

„DEUTSCHLANDS UNBEKANNTE JAHRHUNDERTE - Geheimnisse aus dem Frühmittelalter" , Lindenbaum Verlag Beltheim-Schnellbach 2013, ISBN 978-3-938176-41-2; 510 S., € 29.80 *)

„KÖNIG CHLODWIG WAR KEIN FRANKE – Frankreichs und Deutschlands sarmatische Wurzeln"; Band 5 (Sonderband) der „Forschungen zur Thidrekssaga – Untersuchungen zur Völkerwanderungszeit im nördlichen Mitteleuropa", hrsg. vom Thidrekssaga-Forum e.V., 2009, ISBN 978-3-8370-3330-4, 322 S. (vergriffen)

„DIE GEHEIMNISSE DER MEROWINGER – Die sarmatische Herkunft der Dynastie und eine folgenreiche Geschichtsfälschung", Books on Demand Norderstedt 2011; ISBN 978-3-8432-0283-9; 240 S. (vergriffen)

„SACHSEN, THÜRINGER, SCHWABEN – EINST VON SARMATAEN BEHERRSCHT ? – Das Frühmittelalter in Deutschland neu gesehen" , Books on Demand Norderstedt 2011, 228 S. (vergriffen)

„DIE AHNEN DER MEROWINGER UND IHR ‚FRÄNKISCHER' KÖNIG CHLODWIG – Ein neuer Blick auf die Frühgeschichte unsers KONTINENTS" ; Books on Demand Norderstedt, 2016, ISBN 978-3-837050-11-0 (erheblich erweiterte Neu-Auflage des Buches DIE GEHEIMNISSE DER MEROWINGER) , 240 S., € 12,90 **)

„SARMATEN: UNBEKANNTE VÄTER EUROPAS – Ein neuer Blick auf die Frühgeschichte unseres Kontinents", Books on Demand Norderstedt 2016; ISBN 978-383-7022-666; 122 S., € 8,90 **);

„DIE WESTFALEN UND IHR WEISSES ROSS – Unbekanntes über die Herkunft eines deutschen Volksstammes", Books on Demand Norderstedt 2016; ISBN 978-383-7044-515; 96 S., € 7,90 **)

„WIDUKINDS GEHEIMNIS – Der Adel der alten Niedersachsen stammte von Sarmaten ab", Books on Demand Norderstedst 2016, ISBN 978-383-7046-144, 120 S., € 7,90 **)

„THÜRINGEN WAR EINMAL EIN KÖNIGREICH – und die Könige kamen aus der Fremde" ; Books on Demand 2016, ISBN 978-383-7046-823; 100 S., € 7,90 **)

„DIE SCHWABEN – Ein neuer deutscher Volksstamm aus ganz unterschiedlicher Herkunft" ; Books on Demand Norderstedt 2016, ISBN 978-383-7047-028, 96 S., € 7,90 , **)

„DIE KÖNIGE MIT DEN LANGEN HAAREN – Was die Vorfahren der geheimnisvollen Merowinger-Könige erlebten – Erzählte Geschichte aus der Völkerwanderungszeit", Books on Demand Norderstedt 2017; ISBN 978-3-7431-6156-6; 432 S, € 24.90 **)

*) Zu beziehen zum Buchhandelspreis bei: Lindenbaum-Verlag. 56290 Beltheim-Schnellbach. (Lindenbaum-Verlag@web.de)

**) Bestellung über BoD (info@bod.de), aber auch jede Buchhandlung (auch Online-Buchhandel, z. B. Amazon) zum Buchhandelspreis.

Vergriffene Bücher können eventuell als „gebrauchte Bücher" im Internet aufgefunden werden.